AI와 버추얼 휴먼 비즈니스

AI문고

인공지능 시대입니다. 기계가 인간의 인지를 대신하고, 사물이 인간을 통하지 않고 다른 사물과 직접 커뮤니케이션합니다. 이에 따른 인간 삶과 문명 변화를 정확히 이해·예측·대응하는 것은 이 시대 우리 모두의 과제입니다. AI문고는 인공지능 기술과 환경의 여러 주제를 10가지 키워드로 정리합니다. 관련 개념과 이론, 학계와 산업계의 쟁점, 우리 일상의 변화를 다룹니다. 인간과 기술의 현재, 미래를 세심히 분석합니다.

일러두기

- 인명, 작품명, 저서명, 개념어 등은 한글과 함께 괄호 안에 해당 국가의 원어를 병기했습니다.
- 외래어 표기는 현행 어문규정의 외래어표기법을 따랐습니다.

처음이세요?

전문가세요?

AI와 버추얼 휴먼 비즈니스

송유상 · 원종서 · 이창준

대한민국, 서울, 커뮤니케이션북스, 2025

AI와 버추얼 휴먼 비즈니스

지은이 송유상·원종서·이창준
펴낸이 박영률

초판 1쇄 펴낸날 2025년 5월 19일

커뮤니케이션북스(주)
출판 등록 2007년 8월 17일 제313-2007-000166호
02880 서울시 성북구 성북로 5-11
전화(02) 7474 001, 팩스(02) 736 5047
commbooks@commbooks.com
www.commbooks.com

ISBN 979-11-7307-443-1 03500

책값은 뒤표지에 표시되어 있습니다.

차례

AI로 진화하는 버추얼 휴먼 비즈니스 생태계

AI의 진화와 발전은 우리 삶의 변화와 함께 기존 방식 및 프로세스 전반을 근본적으로 변화시키고 있다.

특히, 생성형 AI(Generative AI)의 창발(創發)은 다양한 비즈니스 및 산업 전반의 디지털 전환(DX, Digital Transformation)을 가속하고 있다.

기술적 관점에서 텍스트 중심의 대화형 생성 기술을 시작으로 이미지, 영상 등 다양한 형태의 데이터를 활용한 멀티모달형 생성형 AI의 발전으로 인간이 수행하던 단순 반복 업무가 대체되고 인간의 창작 영역까지 AI가 수행할 수 있게 되었으며. 다수의 인력이 투입되는 노동집약적 업무까지 대체가 이루어지고 있다. 이와 함께 비즈니스, 산업 구조, 서비스 전반에 새로운 혁신을 유발하고 있다.

그중에서도 버추얼 휴먼은 AI의 진화와 발전의 목표물 중 가장 빠르게 도달할 수 있는 결과 중 하나로, 보다 현실감 있고 사람과의 상호 작용이 가능하며, 비즈니스 생태계 전반에서 매우 중요한 영역으로 성장하고 있다.

버추얼 휴먼은 단순히 AI 기술을 활용해 사람의 형상을 제작해 보고 감상해 보는 연구 단계의 실험 대상이 아니다. 이미 CG/VFX(Computer Graphic/ Visual Effects)사에서 사람의 얼굴 형상을 그래픽 관점에서 제작하는 시도가 많았으며, 2015년 이후 전 세계적으로 버추얼 휴먼을 활용한 다양한 비즈니스 활용이 증가하고 있다. 최초의 가상 인플루언서인 릴 미켈라(Lil Miquela)(2016)는 브라질계 미국인으로 패션, 명품, 화장품 광고 모델로 활약하였으며 최근에는 음원 플랫폼인 스포티파이에도 진출하여 160억 이상의 매출을 발생시키고 있다. 국내에는 2019년 이후부터 3D 영상 제작 기술에 일부 AI 기술을 적용하여 제작하는 방식 및 생성형 AI 플랫폼 기반 버추얼 휴먼 등 다양한 적용이 시도되고 있다. 이후 삼성전자, LG전자 등 국내 대기업에서 CES 등 글로벌 전시 행사에 버추얼 휴먼을 활용한 기업 홍보 및 제품 차별화를 시도하고 있다.

버추얼 휴먼은 AI의 기술과 서비스의 집약체로서 그 자체로 사업적, 연구적 가치가 매우 높으며 특히, 비즈니스 생태계 관점에서 다양한 이해관계자의 복합적 상호작용을 기반으로 진화, 발전하고 있어 이에 대한 관련 심도 있는 접근과 분석이 필요하다.

해외에서는 이미 AI와 버추얼 휴먼에 대한 다양한 연구와 비즈니스 활용 및 산업 확대가 가속되고 있다.

이에 반해 국내에는 관련 참고 자료 및 전문 서적 등이 매우 부족하며, 각 산업 분야에서 버추얼 휴먼의 비즈니스적 활용에 대한 수요 증가 대비 이에 대한 기술 개발, 서비스 전반 등에 대한 연구가 매우 부족한 상황이다. 따라서 이 책을 통해 AI와 버추얼 휴먼에 대한 적용 기술, 서비스 특징, 비즈니스 생태계 전반의 이해를 높이기 위해 실제 산업에서의 적용 사례와 최신 연구 등을 연계하여 독자를 위한 학술 연구 및 비즈니스적 통찰력을 제공하고자 한다. 특히, 버추얼 휴먼은 비즈니스 플랫폼 생태계 관점에서 중요한 의미가 있다. 전통적인 비즈니스에서는 대기업 주도로 규모의 경제를 목표로 초기 시장 진입 및 상품, 서비스를 확장해 가는 형태였다. 하지만 AI가 촉발한 기술 주도형 비즈니스에서는 대기업 주도형 규모의 경제보다는 스타트업 기업 등 일반 기업의 참여가 필수가 되고 대기업과의 협력과 상호 작용을 핵심으로 새로운 가치 창출 및 기존의 상품, 서비스를 대체하는 대체의 경제가 중심이 되고 있다(Hein, et al., 2020). 독일 뮌헨공과대학교의 하인(Hein) 교수는 이러한 특징을 디지털 플랫폼 생태계의 복합적 상호 작용이라고 규정하면서, AI 등 신기술의 발전이 기존 대기업 중심의 비즈니스 구조와는 구별되게 대기업과 스타트업 기업 등 일반 기업이 상호 작용하며 새로운 제품과 서비스를 고객 가치 창출 활동과 연계하여 대체의 경제를 유발한다고 주장하고 있다. 대표적인 사례가 AI와 버추얼 휴먼 비즈니스다.

버추얼 휴먼은 기존 비즈니스 구조와 다르게 스타트업 기업 등 일반 기업이 주도하며 초기 산업 생태계를 이끌어 가고 있다. 이러한 기업들을 서드 파티(3rd Party) 또는 컴플리멘터(Complementor)라고 한다. 이와 함께 전통적인 대기업들을 지칭하는 표현이 있는데 플랫폼 오너(Platform Owner)라고 한다. 플랫폼 오너와 서드 파티는 AI와 같은 신기술이 적용된 시스템을 통해 서로 상호 작용하는데 이러한 시스템을 디지털 플랫폼이라고 한다. AI와 버추얼 휴먼의 비즈니스는 이러한 디지털 플랫폼 생태계를 중심으로 플랫폼 오너, 서드 파티, 디지털 플랫폼(시스템)이 복합적으로 상호 작용하며 AI를 핵심 요소로 활용하여 다양한 가치를 창출한다. 그리고 새로운 상품과 서비스를 만들어 기존에 있던 상품과 서비스를 대체하는 대체의 경제를 유발한다.

AI와 버추얼 휴먼 비즈니스는 기업이 제품 또는 서비

스를 고객에게 전달하는 파이프라인 방식의 기존 가치 사슬에서 플랫폼 오너와 서드 파티, 디지털 플랫폼의 복합적 상호 작용을 강조하고 있으며 기존 산업 전반을 버추얼 휴먼으로 대체 가능한 기술 및 서비스로 디지털 전환을 가속하고 있다.

특히 CPND(Contents, Platform, Network, Device) 가치 사슬에서 콘텐츠 비즈니스 관련 종사자에게 새로운 기회의 장을 제공하고 있다. 하지만 국내 버추얼 휴먼 비즈니스는 아직 버추얼 휴먼에 대한 개념적 정의조차 불명확한 상황이며 이에 대한 참고 자료가 매우 부족한 상황이다. 따라서 이 책에서는 먼저 실무적, 학문적으로 버추얼 휴먼의 개념적 정의부터 체계적으로 제시하고자 한다.

이와 함께 최신 버추얼 휴먼에 대한 세계적 흐름을 거시적 측면의 성장 지표와 함께 살펴보고 상대적으로 수요가 많고 시장 규모가 증가하고 있는 타깃 국가를 실제 사례로 들어 버추얼 휴먼에 대한 개념 정립 및 통찰력을 제시하고자 한다.

비즈니스 성공의 핵심, AI와 버추얼 휴먼

버추얼 휴먼의 비즈니스 성공을 위해 선행되어야 하는

것이 AI 기술에 대한 이해와 함께 버추얼 휴먼 구성을 위한 세계관 구축과 페르소나 설정이다. 흔히 버추얼 휴먼 같은 AI 기술 기반 비즈니스 아이템은 기술이 중심이 되어야 한다고 생각하기 쉽다. 하지만 AI 기술 기반 버추얼 휴먼 비즈니스의 성공을 위해서는 명확한 개발 방향성과 서비스 전반을 포괄할 수 있는 세계관 구축과 이를 표현하기 위한 페르소나 구축이 필수다. 이와 함께 비즈니스의 핵심 성공 요소를 AI와 버추얼 휴먼이 제공할 수 있는 고객 가치 창출 관점에서 접근하고, 버추얼 휴먼을 또 다른 인격체로 인식하여 인간의 협력 파트너 및 동반자로 수용하고 어떻게 인간과의 상호 작용을 효과적으로 할 수 있을지 고민하여야 한다.

이를 위해 버추얼 휴먼에 대한 시장 세분화 접근이 필요하다. 기존의 AI 산업 및 비즈니스는 사업 성장성과 규모가 큰 기업 시장(B2B) 중심의 사례 확보를 위한 접근을 먼저 했다. 버추얼 휴먼도 산업 전반에 적용할 수 있는 비즈니스 모델 관점의 분석이 필요한데 대표 영역(Domain) 선정과 핵심 과업(Task)을 XY 좌표에 표시하고 이에 대한 진입 전략과 성공 가능 여부를 분석해 보는 매트릭스적 사고가 중요하다.

이 책에서는 우선 현재 AI 기반 버추얼 휴먼 비즈니

스 성공 사례가 증가하고 있는 일반 고객(B2C) 시장 중심으로 비즈니스 성공 사례를 분석하고자 한다. 국내의 AI 버추얼 휴먼 비즈니스는 주로 CG/VFX(Computer Graphic/Visual Effects) 기술을 보유한 콘텐츠 비즈니스 스타트업 기업이 시장을 주도하고 있는 양상이다. 따라서 이러한 기업들의 성공 사례인 키오스크, 홈쇼핑, 유튜버, 아이돌을 활용한 AI 버추얼 휴먼 비즈니스를 중심으로 소개하고자 한다.

이와 함께 AI와 버추얼 휴먼 비즈니스는 AI 원천 기술과 함께 응용, 연계 기술(메타버스, IoT, 블록체인 등)이 함께 적용되며 확산할 것으로 예상된다. 범용인공지능 AGI(Artificial General Intelligence), 인공 초지능 ASI (Artificial Super Intelligence) 등 기술의 혁신과 함께 멀티모달 플랫폼형 인공지능 AHaaS(AI_Human as a Service)라는 새로운 비즈니스 모델을 중심으로 더욱 최적화될 것으로 전망된다. 이러한 발전은 메타버스 같은 연계 기술 융합형으로 확장되어 가상과 현실을 연결하고 매개하는 초현실 기반 가치 창출형 기술 및 비즈니스로 진화, 발전될 것으로 예상된다. 따라서 이 책은 AI와 버추얼 휴먼 비즈니스를 기술 융합과 비즈니스 플랫폼 생태계의 상호 작용 관점에서 접근하여 독자들을 위한 다양한 통찰력을 제공하고자 한다.

이 책의 구성

이 책은 최근 다양한 산업 분야에서 활용이 높아지고 있는 인공지능을 활용한 버추얼 휴먼에 대한 전문 지식을 제공하고자 AI와 버추얼 휴먼 비즈니스의 주제를 비즈니스 플랫폼 생태계 관점에서 설명하고 최신 트렌드 및 비즈니스에 대한 통찰력을 제시하는 데 출간 목적이 있다.

이를 위해 1장에서는 버추얼 휴먼에 대한 개념적 정의를 내리고 서비스 구성을 위한 7가지 레이어(Layer) 관점에서 학술적 개념과 연계하여 설명한다.

2장에서는 해외에서 유행이 되며 국내에도 2015년 이후부터 다양한 분야에서 활용되고 있는 버추얼 휴먼을 글로벌 시장 규모 및 주요 특징과 이에 대한 최신 트렌드를 생성형 AI와 초거대 AI(LLM, Large Language Model)와 연관지어 설명한다.

3장과 4장에서는 주요 국가별 버추얼 휴먼에 대한 특징과 비즈니스 트렌드를 살펴본다.

먼저 버추얼 휴먼의 성지라고 볼 수 있는 일본(3장)의 버추얼 휴먼 특징과 비즈니스 트렌드를 애니메이션과 캐릭터 기반의 특징적 요소를 중심으로 살펴본다. 이와 함께 신흥 시장(Emerging Market)이라고 할 수 있는 베트남의 버추얼 휴먼의 특징과 비즈니스 트렌드를 살펴보는데 특히 베트남 플래그십 매장의 팝업 스토어에 등장하는 버추얼 휴먼 비즈니스 중심으로 알아본다.

한편, 5장에서는 버추얼 휴먼의 성공을 위한 CPND 관점의 비즈니스 이해관계를 살펴볼 필요가 있다. 버추얼 휴먼은 기존 가치 사슬 중 콘텐츠 비즈니스 관점에서 각 이해관계자가 어떠한 역할을 하며 상호 작용을 하는지 이해하여야 한다.

특히, C(Contents)-P(Platform)-N(Network)-D(Device) 관점의 거래 관계를 이해할 필요가 있는데 이에 대한 관계를 중심으로 살펴보고자 한다.

6장에서는 버추얼 휴먼의 세계관 구축과 페르소나에 대해 살펴본다.

버추얼 휴먼의 핵심은 아이템 구성을 위한 자신만의 세계관 구축과 이에 대한 페르소나 설정이다. 페르소나란 서비스 관점에서 사용자 및 공략 고객의 특성을 반영한 가상의 인물 성향 및 개성에 대한 것을 의미한다. 버추얼 휴먼 콘텐츠 생성을 위해 어떠한 가상 세계관과 페르소나를 구축해야 하는지 그 설정의 중요성을 이해할 수 있다.

7장부터 10장은 실제 AI와 버추얼 휴먼 비즈니스에 대한 실제 적용 사례를 살펴보고자 한다.

먼저 7장은 최근 버추얼 휴먼이 스마트폰, 태블릿, PC 디바이스 중심에서 대고객 서비스용 키오스크 화면으로 중심을 이동하며 멀티스크린 형태의 비즈니스 모델로 진화하고 있는데 이에 대한 사례 및 성공 요인을 분석한다.

8장에서는 홈쇼핑에 등장하는 버추얼 휴먼에 대해 살펴본다. TV 매체의 한계와 OTT의 미디어 선호 변화에 따라 사람 중심의 상품 판매 및 사람 호스트를 대체하고 있는 버추얼 휴먼에 대해 살펴본다. 사람보다 능력 있는 버추얼 휴먼 호스트에 대한 소개와 이에 대한 비즈니스 성장 가능성을 탐색한다.

9장에서는 유튜버로서의 버추얼 휴먼 비즈니스를 살펴본다. 이제 사람만 하는 유튜버의 시대는 끝났다. 이제는 버추얼 휴먼이 SNS를 주도하는 브이튜버(VTuber)의 시대가 도래했다. 국내 및 해외 브이튜버의 활약상과 이에 대한 비즈니스 시사점을 살펴본다.

마지막 10장은 아이돌과 버추얼 휴먼 비즈니스다. 제2의 방탄소년단(BTS), 블랙핑크는 사람이 아닌 버추얼 휴먼으로 등장할 조짐이 보인다. 2000년 초반 사이버 가수 아담에서 최근 엔터테인먼트 아이돌의 비즈니스 성공 요인과 이에 대한 적용 방안을 살펴본다.

참고문헌

신혜경(2020). MZ 세대의 콘텐츠 콜라보레이션을 활용한 패션 브랜드의 가치창출 사례연구. ≪복식문화연구≫, 28(6), 830-844쪽.

Hein, A., et al.(2020). Digital platform ecosystems. *Electronic markets, 30*, pp. 87-98.

Swartout, W. R., et al.(2006). Toward virtual humans. *AI Magazine,* 27(2). pp. 96-96.

01
개념적 정의와 서비스 구성을 위한 7 레이어

버추얼 휴먼의 개념은 현재 다양한 방식으로 혼재되어 있다. 이에 기존의 다양한 개념들을 기술 및 서비스 관점에서 재정의하고자 한다. 이를 위해 AI와 다른 핵심 기술이 연계되는 기술 융합 관점에서 살펴보고, 현실과 가상 세계를 연계하고 사람과 AI의 복합적 상호 작용을 지원하는 서비스 구조 관점에서 설명한다. 이를 위해 7 레이어 프레임워크를 중심으로 버추얼 휴먼의 개념을 제시하여 설명한다.

AI와 1인 창업?

버추얼 휴먼에 대한 개념적 정의

버추얼 휴먼의 개념은 현재 다양한 방식으로 혼재되어 사용되고 있다. 가장 많이 사용되고 있는 개념은 디지털 휴먼과 버추얼 휴먼에 대한 혼재된 개념이다. 디지털 휴먼은 주로 휴먼(인간)을 객체(Object)로 인식하여 다양한 소프트웨어(SW) 프로그램을 활용해 사람을 제작하고 개발하는 데 집중한다. 실제 사람과 같은 외형의 3D 가상 인간을 만들어 인간의 모습과 언어, 행동을 사실적으로 모사한 3D 인간 모델이며 제작물 관점에서 사용되는 개념이 주로 디지털 휴먼의 영역이다. 반면, 버추얼 휴먼은 인간의 역할과 인격(Personality)이 추가된 개념이다. 버추얼 휴먼은 AI와 주로 연계되어 사람과의 상호작용을 중요한 요소로 인식한다. 또한 시스템(디지털 플랫폼)을 활용하여 사람과의 복합적 상호 작용하고 AI 기술을 활용해 제작물로의 기능과 사람과의 대화 등의 상호 작용이 추가된 개념으로 보다 진화된 개념으로 볼 수 있다. 여기서 말하는 상호 작용은 AI 기술과 다른 핵심 기술(메타버스, IoT, 블록체인 등)이 융합되어 새로운 가치를 창출하는 형태로 확장될 수 있다.

디지털 휴먼은 주로 제작물 관점에서 사람의 얼굴, 또는 외형을 얼마나 정확하게 구현할 것인지에 대한 부분에 상대적으로 많은 역량을 집중한다. 이를 위해 디지털 더블(Digital Double) 기술을 활용하여 실제 모델을 촬영하고 가상의 3D 얼굴을 교체하여 가상의 인물을 제작하거나, 모션 캡처(Motion Capture) 장비를 활용해 가상 얼굴을 생성해 내는 페이셜 기술(Facial Motion Capture, Facial Rigging)을 주로 활용한다. 이는 얼굴과 몸에 특수 장비를 착용하여 사람의 시각적 요소 및 비언어적 표현, 표정 움직임, 동공 움직임, 얼굴 근육, 주름 등의 리얼한 모습을 연출하기 위해 수작업으로 진행하고 후보정하는 방식으로 진행된다. 디지털 휴먼은 사람의 모습을 보다 사람답게 제작하고 행동 등에 대한 정교함이 장점이지만 제작을 위한 시간과 비용이 상대적으로 많이 소요되며, 실시간으로 결과물이 제작되는 방식이 아닌 사람의 개입이 많이 투입된다.

반면, 버추얼 휴먼은 디지털 휴먼을 제작하는 방식에 AI 기술을 연계하고, 사람과의 상호 작용에 우선순위를 두는 서비스 개념으로 접근할 수 있다. 버추얼 휴먼은 AI 기술에서 음성 기술과 시각 기술을 융합하고 제작 시간과 비용을 절감해 기업의 비즈니스 활용에 도움을 주고 있다. 디지털 휴먼이 제작물 중심의 결과물이었다면, 버추얼 휴먼에는 사람과 소통하고 대화가 가능한 지능

(Intelligence)이 추가되고, 생성형 AI와 AI 플랫폼 기술을 활용해 보다 빠르고 쉽게 제작물을 만들 수 있는 효율성에 집중하고 있다.

버추얼 휴먼과 디지털 휴먼의 구분은 여전히 모호하고 혼재되어 사용되고 있으나 AI 기술을 접목해 비즈니스적 활용과 관련 분야 산업이 빠르게 성장하고 있다는 점에서 주목할 필요가 있다. 기존의 기술은 주로 얼굴과 보디(Body)를 제작하는 기술이 적용되었다. 이는 AI 기술이라기보다는 CG/VFX에서 주로 영화 콘텐츠나 시각, 특수효과 구현을 위해 적용되던 기술이었다. 그래서 주로 인물을 정교하게 제작하는 창작물로서의 결과물이었다. 그러나 AI 핵심 기술이 적용되며 새로운 변화가 일어나고 있는데 음성 대화 기술과 대화형 기술 등이 부각되고 있다. 인공지능 스피커에서 주로 적용되던 음성 처리 기술 중 음성 발화(KWS, Key Word Spotting) 후 음성 인식(STT, Sound To Text), 음성 합성(TTS, Text To Sound) 기술이 적용되어 사람과 대화할 수 있는 기술들이 적용되고 있으며, 특히 초거대 언어 모델(LLM, Large Language Model)이 적용되어 사람과의 의사소통 등 상호 작용이 가능한 영역으로 빠르게 진화, 발전하고 있다.

한편, 기술의 혁신 관점에서 AI와 타 기술들이 융합되며 새로운 가치들을 만들어 내고 있다.

디지털 휴먼과 버추얼 휴먼이 AI 기술을 활용해서 현실에서 더욱 사람답게 창조물을 만들고 사람과 상호 작용하는 데 집중하였다면, AI와 타 기술 중 메타버스 기술이 융합되며 새로운 유형의 버추얼 휴먼 개념이 등장하고 있는데 바로 '메타 휴먼'이라는 콘셉트다.

메타 휴먼은 초월(Meta)과 사람(Human)의 합성어로 현실 세계 중심의 개념에 가상 세계 및 증강 세계, 미러 월드의 개념을 확장하여 메타버스에서 활동하는 버추얼 휴먼으로 개념화하고 있다. 메타 휴먼은 기존의 디지털 휴먼과 버추얼 휴먼의 기술적 개념을 포함하며 가상 세계까지 영역을 확장한 개념으로 볼 수 있다.

이러한 다양한 개념이 혼재된 버추얼 휴먼은 AI 기술(음성, 시각, 초거대 언어 모델) 및 타 핵심 기술 중 특히 메타버스 기술과의 융합 관점에서 접근할 필요가 있다.

7 레이어 프레임워크를 활용한 개념 확장

홀로넥스트(HoloNext) 사에서 제시하는 7 레이어(Layer) 프레임워크를 활용해 설명하고자 한다. 7 레이어 프레임워크는 경험(Experience), 발견(Discovery), 창작자 경제

(Creator Economy), 공간 컴퓨팅(Spatial Computing), 탈중앙화(Decentralization), 휴먼 인터페이스(Human Interface), 인프라스트럭처(Infrastructure)로 구성되어 있다.

7 레이어 프레임워크는 존 래도프(John Radoff)라는 기업가이자 게임 디자이너에 의해 제안된 프레임워크로 주로 메타버스 관점에서 설명되었는데, 각 계층(Layer)이 메타버스의 다양한 기능을 구현하고 사람과의 상호작용하는 과정에서 AI와 연계되어 확장될 수 있다. AI는 메타버스의 경험을 더욱 몰입감 있게 해 주고, 비용 효율적이며, 현실과 가까운 환경으로 만드는 데 중요한 역할을 하며 기술과 서비스의 시너지를 위해 중요한 요소이기 때문이다.

1. 경험

경험(Experience)은 사용자가 가상과 현실에서 상호 작용하는 모든 것을 의미한다. AI의 핵심 서비스 영역은 개인별 맞춤형 서비스와 개인화하고 몰입감을 향상하는 데 핵심적인 역할을 수행할 수 있다. 버추얼 휴먼을 활용한 다양한 서비스 분야 적용이 대표적인 예시로 사용자와의 일상 대화, 상품 추천 등의 행동 데이터를 분석하여 맞춤형 경험을 제공할 수 있다. AI는 메타버스 공간에서 사용자의 취향과 행동 패턴을 학습하여 사람과의 대화형 인터페이스를 최적화할 수 있고 실시간 상호 작용을 통해 차별화된 경험을 제공할 수 있다.

2. 발견

발견(Discovery)은 사용자에게 개발된 서비스가 선택될 수 있는 기회와 가능성을 의미한다. AI의 기술을 통해 사용자의 발견 기회를 높일 수 있는데 AI 기반 추천 알고리즘 등을 활용해 평소 사용자의 선호도와 행동 패턴을 분석하여 개인 맞춤형 큐레이션 서비스에 적용될 수 있다. 특히 버추얼 휴먼이 대리인(Agent)이 되어 마치 사람과 상호 작용을 하듯이 일상 대화나 감성 대화를 유도할 수 있으며 이를 통해 서비스 이용 및 참여도를 향상한다면 사용자 경험 이후의 발견 단계에서 더욱 효과적으로 활용될 수 있으며, 기업 관점에서는 광고 비용을 더욱 효율적으로 집행할 수 있다.

3. 창작자 경제

AI는 메타버스에서 강력한 창작 도구로 활용될 수 있다. 생성형 AI는 이미지 생성뿐만 아니라 멀티모달(Multimodal, 시각, 청각, 언어 등 다양한 정보를 처리하는 기술) 환경으로 진화되며 동영상까지 생성할 수 있게 되었다. 이는 사용자가 수익 창출의 목적을 가진 창작자(Creator Economy)인 입장에서 매우 매력적인 수단이 될 수 있다. AI는 메타버스 환경에서 창작 툴을 제공할 수 있는데 음원, 쇼트폼 영상, 이미지 등 다양한 창작물을 만들고 이를 거래 플랫폼에 콘텐츠 창작물로 판매하여 수익 창출과 연결할 수 있다.

4. 공간 컴퓨팅

공간 컴퓨팅(Spatial Computing)은 AI 기술 중 컴퓨터 비전 기술을 활용해 사물(객체) 인식 알고리즘이 적용되어 가상 공간을 보다 현실과 유사하게 모델링해 주고 사용자의 위치와 동작을 실시간으로 모니터링할 수 있게 해 준다. 이 과정에서 행동 데이터가 수집될 수 있으며 보다 정교한 상호 작용을 지원해 줄 수 있다. 대표적으로 AI 공간 모델링 기술이 있는데 가상 공간을 생성하는 데 기존에는 디자이너가 촬영 장비 및 저작 툴을 활용해 1주일 정도의 시간이 걸리던 방식에서, AI 공간 모델링 기술을 활용해 설계도나 도면 데이터의 공간 좌표를 AI가 해석할 수 있게 벡터화하여 몇십 분 수준으로 빠르게 공간을 생성하는 효율적인 모델링이 가능하다.

5. 탈중앙화

AI는 블록체인 기반의 탈중앙화(Decentralization) 시스템과도 결합할 수 있다. AI 알고리즘은 탈중앙화된 경제 환경에서 거래 기반 행위에 대한 서비스 최적화에 시너지를 낼 수 있다. AI는 탈중앙화되는 네트워크에서 방대하고 다양한 데이터 흐름을 분석하여 리스크를 모니터링하는 이상징후 탐지(Anomaly Detection)에 적용될 수 있다. 데이터의 비정상 패턴이나 이상, 결측치를 식별하는 데 AI가 활용될 수 있는데, 메타버스 환경에서 제작된 결과물이 블록체인의 스마트 계약의 암호 데이터화되어 신호 탐지 및 모니터링에 활용될 수 있다.

6. 인프라

AI는 메타버스의 인프라(Infrastructure) 계층에서도 다양한 시너지를 낼 수 있다. 서비스 제공을 위해서는 이를 구현하기 위한 인프라 및 자원이 필요한데 가장 대표적으로는 클라우드 컴퓨팅 방식으로 서비스가 제공될 수 있다. 이때 메타버스 내 콘텐츠 개발을 위해 적용될 수 있는 AI 렌더링(rendering) 기술은 알고리즘과 연계하여 데이터 자원을 최적화하고 GPU 사용 등을 최소화할 수 있고 CPU 등 저사양 인프라를 활용하여 불필요한 비용 지출을 줄여 줄 수 있다.

7. 인간 인터페이스

인간 인터페이스(Human Interface)는 AI 기술이 메타버스에 적용되어 인간과의 복합적 상호 작용을 하는 것을 의미한다. 단순 터치 방식의 인터페이스가 아니라 버추얼 휴먼 같은 대리인(Agent)이 보다 사람처럼 지능화되어 사용자와의 다양한 상호 작용을 할 수 있다. 메타버스 환경이지만 AI 기반 음성 인식, 카메라를 연계한 제스처 인식, 자연어 처리 등 멀티모달 데이터로 입력되어 사람과의 깊은 대화 및 커뮤니케이션이 가능하며 고도화된 서비스 제공이 가능하다.

참고문헌

한상열(2022). 메타버스 新인류, 디지털 휴먼. 소프트웨어정책연구소, https://spri.kr/posts/view/23372?code=data_all&study_type=&board_type=issue_reports

Amershi, S., et al.(2019). Guidelines for human-AI interaction. In Proceedings of the 2019 chi conference on human factors in computing systems, pp. 1-13.

HoloNext,
https://holonext.com/metaverse-101-understanding-the-seven-layers/

Park, U. J., et al.(2020). A Study on The Personalized Seamless Smart Home Service Design for Life-style Care in Phono Sapience era. *Journal of Information Technology Services, 19(5)*, pp. 1-14.

Swartout, W. R., et al.(2006). Toward virtual humans. *AI Magazine, 27(2)*, pp. 96-96.

VRITUALS, https://virtuals.co/digital-humans-vir

02
AI와 버추얼 휴먼 최신 트렌드

버추얼 휴먼의 최신 트렌드를 살펴보기 위해 세대 특성 및 사용자의 사회적 요인과 함께 버추얼 휴먼 구현을 위한 기술적 요인을 살펴본다. 이와 함께 시장 성장 지표와 새로운 비즈니스 기회 및 대체 시장의 가능성을 제시하기 위한 경제적 요인과 버추얼 휴먼 구현을 위해 발생하는 GPU 인프라 자원 사용 등에 따른 환경적 요인을 파악하고 버추얼 휴먼이 딥페이크 등 AI를 활용하여 생성하는 콘텐츠의 악용, 개인정보 보호 등 AI의 정책적 요인 관점에서 살펴보고자 한다.

AI와 MBTI?

버추얼 휴먼의 사회적 관점

MZ 세대를 넘어 알파 세대로 이어지는 세대에서는 모바일과 터치 인터페이스를 통한 디지털 환경에 새로운 상호 작용 수단으로 버추얼 휴먼을 적용 및 활용하는 사례가 증가하고 있다. 이미 버추얼 휴먼은 사람이 수행하는 과업을 대체하고 있다. 패션모델, 유튜버, 가수, 인플루언서, 셀럽 등의 연예, 엔터테인먼트 영역에서 두각을 나타내고 있으며 홍보, 광고, 마케팅, 리셉션, 진행자, 아나운서 등의 기업에서의 활동까지 영역을 확장하고 있다. 이러한 버추얼 휴먼의 업무 수행은 교육, 유통, 판매, 고객 관리, 금융 등 시장 규모가 크고 파급 효과가 큰 시장까지 적용되어 다양한 고객 가치를 제공하고 있다. 삼성전자는 2020년 CES에서 네온 프로젝트(NEON Project)를 발표하며 삼성의 미래 가전에 버추얼 휴먼을 등장시켜 서비스를 소개 및 판매하며 사용자의 새로운 고객 경험을 제공하였다. 이뿐만 아니라 2022년 국민은행에서는 버추얼 휴먼을 은행 영업점에 디지털 키오스크와 함께 탑재하여 고객 응대 및 업무 지원에 시범 적용하여 운영하였다. 이러한 버추얼 휴먼의 활용은 사회적 주류가 MZ 세대 및 알파 세대로 빠르게 전환되고 팬데믹 이후 비대면 기반 상호 작용에 익숙해진 사용자가 대면 방식

보다 비대면에서의 새로운 경험을 요구하면서 사회적인 변화를 유발하였으며, 버추얼 휴먼을 활용한 고객 경험 제공 및 가치 제안이 사회적 관점의 새로운 트렌드로 자리매김하고 있다.

버추얼 휴먼의 기술적 관점

버추얼 휴먼은 AI의 기술 성장과 함께 기술의 수용(Adoption)과 확산을 위한 최적화된 결과물로 활용 가치가 높다. 이러한 관점에서 최근 생성형 AI는 기존의 텍스트 대화 중심의 언어 모델 기술(LLM, Large Language Model)에서 멀티모달 AI 기술이 적용되며 새로운 변화와 성장이 이루어지고 있다. 멀티모달 AI 기술이란 다양한 종류의 데이터를 동시에 처리하고 분석하는 기술을 의미하며, 이때 모달리티(Modality)란 서로 다른 형태의 데이터 타입을 의미한다. 최신 버추얼 휴먼과 관련된 기술 트렌드는 단연 멀티모달 기반 기술 시너지다. 멀티모달 AI 기술은 여러 형태의 데이터를 동시에 사용하여 정확하고 풍부한 데이터를 통합하여 제공 가능하며, 하나의 데이터가 부족할 때 다른 데이터를 통해 보완할 수 있는 상호 보완성이 가능하다. 이러한 멀티모달 AI 기술은 기존의 제작물로서의 버추얼 휴먼에서 음성, 영상, 이미지, 텍스트 등 다양한 데이터를 통합하여 상호 작용이 보다 사람다운 형태로 고도화하고 있다.

이와 함께 현실과 가상 세계가 통합되는 메타버스 기술이 연계되어 현실과 가상 공간에서의 실시간 상호 작용 및 몰입감을 제공할 수 있게 되었다.

버추얼 휴먼의 경제적 관점

버추얼 휴먼의 경제적 관점에서 먼저 시장 전망 및 성장 규모를 살펴볼 필요가 있다. 글로벌 시장조사업체 이머전 리서치는 버추얼 휴먼 세계 시장 규모를 2030년 약 700조 규모로 예측하며, 10년 동안 50배 이상 급성장할 것으로 전망한다. 이와 함께 국내 국책 연구 기관인 소프트웨어정책연구소에서는 버추얼 휴먼 시장을 CG 기술 중심의 제작 관련 분야에서 AI 기술이 접목되어 대화형 AI 시장과 컴퓨터 그래픽스 애플리케이션 소프트웨어 시장 및 인플루언서 마케팅 시장 영역으로 세분화하여 시장 전망을 하고 있다. 소프트웨어정책연구소에 따르면 버추얼 휴먼은 대화형 AI 시장을 가장 큰 영역으로 보고 있으며, 컴퓨터 그래픽스 애플리케이션 소프트웨어 시장, 인플루언서 마케팅 시장 순으로 시장 규모를 전망하고 있다. 버추얼 휴먼은 경제적 관점에서 새로운 변화와 혁신을 가속할 수 있다. 무엇보다 버추얼 휴먼의 활용은 기업 관점에서 기존 사람이 담당하던 홍보, 마케팅 모델을 대체하며 직접적인 비용 절감을 하고 있다. 채널A 보도 기사에 따르면 온라인 쇼핑 방송 시 사람 인플루언서를 활용해 방송할 경우 출연료만 최소 회당 1천만 원 정도 되지만 버추얼 휴먼을 활용할 경우 절반 수준에서 제작, 출연이 가능하다는 점에서 실제적인 비용 절감 효과를 기대할 수 있다. 해당 기사에서는 이러한 버추얼 휴먼의 경제적 효과로 실제 쇼핑 방문객 유입이 사람이 등장했을 때보다 1.5배 증가했다고 언급하고 있다. 이러한 적용 사례는 쇼핑 분야뿐만 아니라 사람이 등장하는 상품, 서비스, 정보 전달 등 다양한 분야에서 대체 가능하며 최근 생성형 AI 기술이 진화되면서 더욱 가속되고 있다. 이러한 변화는 기존 상품과 서비스를 사람 중심에서 버추얼 휴먼 중심으로 대체하는 대체의 경제를 유발할 수 있다. 대체의 경제는 기존의 제품과 서비스가 AI 등 신기술이 기존 제품과 서비스에 적용되어 새로운 가치를 창출하며 기존 경제에 대한 규모의 경제와 대체의 경제(Economies of Scale and Substitution)를 함께 유발하는 효과를 가져올 수 있다. 이러한 경제적 변화 트렌드는 이미 미디어 및 엔터테인먼트 산업에서 적용 사례가 증가 및 적용되고 있으며 타 산업 분야로 빠르게 확산하고 있다.

버추얼 휴먼의 환경적 관점

버추얼 휴먼의 환경적 관점은 순기능과 역기능 측면이 동시에 작용하고 있다. 버추얼 휴먼은 아직 시장 초기 단계로 AI 기술이 전면적으로 적용되기보다는 CG/VFX 기술이 적용되고 섀도 액터(Shadow Actor)라는 대역을 써서 기본 촬영을 하고 얼굴을 변환시키는 페이스 스와프(Face Swap)를 통해 버추얼 휴먼을 구현하는 방식이 여전히 많이 활용되고 있다. 하지만 생성형 AI 기술과 함께 멀티모달형 생성형 AI 기술이 빠르게 보급되고 있는 상황에서 버추얼 휴먼의 제작 방식도 AI 기술 기반 버추얼 휴먼 제작으로 빠르게 증가하고 있다. 이러한 관점에서 버추얼 휴먼의 확산은 실제 모델 개발 및 대규모 GPU 자원을 활용해 서비스 개발이 진행될 것으로 예상된다. 이럴 경우 대규모 연산과 GPU 인프라 사용이 폭증할 것이며 이에 따른 에너지 소비 문제 등 환경 관련 문제가 증가할 것으로 보인다. 따라서 버추얼 휴먼의 확산은 환경적 규제가 함께 수반되어야 하며 버추얼 휴먼의 제작 및 개발이 플랫폼형 서비스 형태로 최적화되어 효율적으로 운영되어야 하는 상황이다.

버추얼 휴먼의 정책적 관점

버추얼 휴먼의 정책적 관점은 정부 차원의 규제 및 지식 재산권 등의 법적인 영역과 함께 접근하여야 한다. 버추얼 휴먼의 가장 큰 리스크이기도 한 부분이다. 버추얼 휴먼의 콘텐츠는 주로 아이돌 캐릭터를 생성하고 엔터테인먼트 요소로 활용되는 사례가 많은데 페이스북이나 인스타그램 같은 SNS를 해킹하여 무작위로 개인정보를 수집하고 이를 딥페이크 등 기술과 연계하여 성적 착취물로 악용될 수도 있으며, 버추얼 휴먼 콘텐츠 자체 역시 성적인 창작물로 악용될 소지가 높은 상황이다. 또 버추얼 휴먼에 적용되는 생성형 AI 기술이 가짜 뉴스나 개인정보 등을 활용한 버추얼 휴먼 콘텐츠 생성으로 활용될 수 있어 이에 대한 법적 규제 및 정책 개발이 병행되어야 한다.

이와 함께 버추얼 휴먼이 생성한 콘텐츠 저작권 문제도 법적, 정책적으로 빠르게 제도화되어야 한다. 현재의 정책 방향은 AI 기술을 활용한 버추얼 휴먼 창작물은 개인의 소유권은 인정하고 있으나 이를 상업적 판매 목적으로 활용하면 지식 재산권에 대한 권리를 보호받지 못하며 수익 창출을 위한 판매를 금지하고 있다.

지금까지 다양한 관점에서 버추얼 휴먼에 대한 트렌드를 살펴보았는데 사회, 경제, 기술적 관점에서 버추얼 휴먼은 비즈니스적 가치와 성장 가능성이 높지만 환경, 정책적 관점에서 버추얼 휴먼 개발과 활용을 위한 자원 최적화와 저작권 문제 및 개인정보 보호와 연계된 정책, 법률적 이슈는 빠르게 개선되어야 하는 상황이다.

참고문헌

김승희(2023.3.9). 가상인간 쇼호스트 진짜 사람보다 1.5배 몰렸다. ≪채널A≫, https://www.ichannela.com/news/main/news_detailPage.do?publishId=000000338154

이상일(2022.3.12). KB국민은행도 '가상인간' 만든다, 금융권도 확산일로. ≪디지털데일리≫, https://www.ddaily.co.kr/page/view/2022031207070277586

전진수(2022.12.14). [ET시론]AI '버추얼 휴먼' 이제 시작이다. ≪전자신문≫, https://www.etnews.com/20221214000134

한상열(2022). 메타버스 新인류, 디지털 휴먼. 소프트웨어정책연구소,

Hein, A., et al.(2020). Digital platform ecosystems. *Electronic markets, 30,* pp. 87-98.

Lipkova, J., et al.(2022). Artificial intelligence for multimodal data integration in oncology. *Cancer cell, 40(10),* pp. 1095-1110.

Turk, M.(2014). Multimodal interaction: A review. *Pattern recognition letters, 36,* pp. 189-195.

03
주요 국가별 특징과 비즈니스 트렌드: 일본

일본의 버추얼 휴먼 비즈니스는 전통적으로 애니메이션과 게임 산업 분야에 등장하던 캐릭터를 중심으로 AI 기술 등이 접목되며 활발하게 진행되고 있다. 일본은 오래전부터 애니메이션, 만화, 게임 등에서 가상 캐릭터와 인간의 상호 작용이 활발히 이루어진 국가이며 오타쿠 문화 등의 영향으로 버추얼 휴먼에 대한 수용도가 높으며 이미 팬덤이 형성되어 있어 유료 공연, 굿즈, 음반, 키링 판매 등 관련 비즈니스가 활발히 전개되고 있다.

AI와 난임 극복?

강력한 팬덤 문화를 활용한 비즈니스

일본의 버추얼 휴먼 비즈니스를 한 문장으로 표현하면 강력한 팬덤 문화와 문화 기술(Culture Tech)을 활용한 대체의 경제와 수익 모델 다각화를 추구하는 비즈니스 생태계라고 할 수 있다. 일본은 오랜 기간 애니메이션과 게임 산업에서 NPC(Non-Player Character) 형태의 아바타와 인간의 상호 작용이 활발히 이루어지고 있는 국가로 버추얼 휴먼의 수용도와 관련 기술의 발전이 다른 국가보다 상대적으로 높은 편이다. 문화적 배경을 토대로 일본은 버추얼 휴먼 비즈니스를 확장하고 있고 기술적 우월성 등을 연계하여 다양한 산업 분야에 버추얼 휴먼을 적용하고 있다.

일본의 버추얼 휴먼은 비즈니스 관점에서 몇 가지 특징적인 부분이 있다. 먼저 애니메이션을 강조하며 캐릭터 기반 버추얼 휴먼을 확산하고 있다. 캐릭터 디자인과 세계관 및 페르소나 구성을 애니메이션에 근거하여 개발하고 있고 이를 대중문화로 접목하고 있으며 최근에는 메타버스 영역의 기술 분야로 확장하고 있다. 또 다른 특징은 멀티 페르소나 개념을 적용하고 있다는 점이다. 여기서 말하는 멀티 페르소나는 버추얼 휴먼의 역할과 활용 범위가 다양하다는 것을 의미한다. 일반적인 버추얼 휴먼은 한 개의 페르소나와 세계관으로 대중과 소통하는 데 반해, 일본에서는 특정 직업과 가치관을 중심으로 복잡한 배경과 개성을 지니고 있으며 한 개의 직업이 아닌 산업을 넘나들며 다양한 가치를 창출하고 있다.

또 다른 특징은 문화 기술과 음악, 광고, 게임 등 다양한 미디어를 연계하여 실시간 상호 작용과 팬들과의 소통에 적극적으로 활용하고 있다는 점이다. 버추얼 휴먼이 메타버스나 AR/VR 콘텐츠에 가수나 연예인으로 등장하여 실시간 라이브 스트리밍 기술을 활용해 팬 미팅, 콘서트 등을 하면서 사용자들과 소통하는 문화가 다른 나라들보다 적극적이고 가장 활발히 진행되고 있다.

엔터테인먼트 산업을 선도하는 버추얼 휴먼

일본의 대표적인 버추얼 휴먼 활용 분야는 엔터테인먼트 비즈니스다. 가장 최초의 성공 사례는 하츠네 미쿠라는 버추얼 휴먼으로 볼 수 있다. 하츠네 미쿠는 2007년 처음 등장하였는데 야마하 기업의 음성 합성 소프트웨어인 보컬로이드라는 기술을 활용해 만들어진 버추얼 휴먼 가수다. 실제 사람 목소리가 아니라 성우의 목소리에 기계음을 합성한 일종의 음성 합성 기술을 통해 음악적 활용뿐만 아니라 시각적인 캐릭터 요소를 추가해 게임, 애니메이션 등으로 확대되어 큰 인기를 끌었다. 초기에는 음악을 통해 인지도를 높였으나, 이후 실제 콘서트를 개최하며 팬들과 소통하고 이후 자동차 광고, 패션 브랜드와 협업 등 다양한 산업과의 연계를 통해 비즈니스화되고 있다.

SNS에서 활약하는 버추얼 인플루언서

버추얼 인플루언서는 버추얼 휴먼의 가장 큰 시장이자 일반 사용자들에게 즉각적인 반응과 호응을 얻을 수 있는 분야다. 버추얼 인플루언서란 SNS에 등장하여 실제 사람과 같은 역할을 하며 인플루언서처럼 영향력을 발휘하는 버추얼 휴먼을 의미한다. 버추얼 인플루언서는 틱톡이나 인스타그램이나 유튜브에서 주로 활동하는데 특히 버추얼 유튜버를 브이튜버(VTuber)로 지칭하며 브이튜버는 유튜브의 구독자 수를 증가시키며 직접적인 수익을 창출하기도 한다. 일본의 가장 대표적인 브이튜버는 키즈나 아이(Kizuna AI)다. 키즈나 아이는 2016년 등장했는데 400만 명 이상의 유튜브 채널 구독자를 보유하고 있다. 키즈나 아이는 긴 머리의 아이돌 느낌의 애니메이션 캐릭터로 제작되었는데 일본 만화에서 볼 수 있는 느낌의 캐릭터다. 키즈나 아이는 유튜브 구독자 수에 따른 광고 수익뿐만 아니라 실제 연예인 같은 다양한 홍보, 마케팅 활동으로 수익을 창출하고 있다. 실제 광고 모델로 활약하고 있으며 슈퍼챗 등을 통한 부가 수익을 창출하고 있고, 애니메이션 컨벤션에서 공연 및 VR 콘서트를 통해 다양한 엔터테인먼트 활동을 하고 있다. 버추얼 인플루언서의 인기는 실제 사람 인플루언서들을 대체할 수 있는 대체의 경제를 유발하고 있으며 실제 활동 및 팬덤 형성이라는 관점에서도 동등한 경쟁력을 가지고 있거나 사람 인플루언서 대비 악성 루머, 다양한 스캔들, 이미지 관리 등에서 자유롭기 때문에 투자사 관점에서 매력적인 요소를 제공할 수 있다.

쇼핑과 유통 산업에서의 버추얼 휴먼

일본에서의 버추얼 휴먼은 쇼핑과 유통 산업에서도 활발히 활동하고 있다. 가장 대표적인 사례는 이마(IMMA)라는 일본의 3D 이미지 스타트업 기업 AWW 사에서 만든 버추얼 휴먼이다.

이마의 가장 큰 특징은 실제 사람의 페르소나를 부여하고 쇼핑과 유통업에 적합한 세계관을 부여하여 진짜 사람과 같은 영향력을 발휘하고 있다는 점이다. 최근 이마는 이케아 매장에서 먹고, 자고, 쇼핑하는 일상을 담은 라이프 스타일 연계 쇼핑 버추얼 휴먼 캠페인을 진행하였다. MZ 세대의 라이프 스타일과 동일하게 이케아 매장을 무대로 실제 사람처럼 행동하고 이케아 매장의 제품들을 PPL(Product placement, 간접 광고)과 연계하여 자연스럽게 제품 홍보 및 판매와 연결했다. 이마의 특징적인 부분은 이러한 쇼핑 관련 버추얼 휴먼의 역할을 본인이 운영하는 쇼핑몰까지 연결하는 일종의 옴니채널 마케팅을 연계한 점이다. 옴니채널 마케팅은 유통업에서 전개하는 대표적인 마케팅 기법으로 다양한 상품 판매, 홍보 채널에서 고객에게 일관되고 새로운 고객 경험을 제공해서 판매와 홍보 효과를 극대화하는 것이 특징이다. 이마는 이러한 유통 채널의 핵심 캐릭터로 활동하며 자체 쇼핑몰을 운영하며 일반 사용자와 소통하고 다양한 상품, 제품과의 협업 등으로 쇼핑몰 판매 및 홍보를 연계하고 있다. 실제 이마가 운영하는 쇼핑몰에서는 이마가 직접 모델로 등장하고 있다. 티셔츠, 모자, 바지 등 의류뿐 아니라 반지 등 액세서리 등을 판매하고 있는데 목표 사용자의 호기심을 자극하는 버추얼 휴먼을 적극적으로 활용하여 새롭고 흥미로운 고객 경험을 제공하고 있다.

주요 비즈니스 모델 및 수익화 방안

일본의 버추얼 휴먼 사례는 비즈니스 모델 및 수익화 측면에서 시사하는 바가 크다. 일본 사례는 우리나라와 다르게 버추얼 휴먼 적용 기술 및 제작 방식에 집중하기보다는 문화와 팬덤을 중심으로 소비 시장이 형성되어 있고, 이를 기반으로 이종 산업 분야로 확대하고 있다는 점에 특징이 있다. 우리나라의 경우 버추얼 휴먼 결과물, 즉 아이돌 느낌의 사실주의 기반 포토 리얼리스틱한 형상 퀄리티가 상대적으로 중요하며, 일반 사용자보다는 기업 홍보, 고객 접점에서의 1차 고객 응대 등에 제한적으로 활용되고 있다. 이는 버추얼 휴먼이라는 콘텐츠적 요소가 문화, 예술 분야 등으로 확장되기 위해서는 이를 소비하기 위한 무대(플랫폼, 디바이스 등)가 필요한데 우리나라는 디지털 키오스크, HMD(Head Mounted Device, AR/VR 구현을 위한 기기) 등을 활용한 콘텐츠 소비에 매우 보수적이며, 무료라는 인식이 매우 강해 일본처럼 유료화되기 위해서는 사용자 측면의 인식 전환이 필요한 상황이다. 버추얼 휴먼의 비즈니스 모델 및 수익화는 주로 일반 수요 시장(B2C)과 기업이나 공공시장(B2B, B2G)에서 상이한데 일반 수요 시장에서는 광고 및 스폰서십, 굿즈(Goods) 및 키링 판매, 실시간 방송을 위한 라이브 스트리밍, 음원 및 공연 수익, 버추얼 휴먼 IP(지식재산권) 등을 통해 수익을 창출하고 있다. 한편 기업이나 공공시장은 기업의 홍보, 마케팅, 유통, 판매를 위해 기존 사람의 업무를 대체하기 위해 정보 전달 및 지역 홍보, 고객 응대, 제품 판매 등을 위한 버추얼 휴먼 제작 및 운영비를 통해 수익을 창출하고 있다. 버추얼 휴먼의 비즈니스 모델 및 수익 흐름은 위에 언급한 부분이 일반적이며 일본에서는 일반 사용자 시장에서 버추얼 휴먼을 활용한 음원 및 공연 수익, 라이브 스트리밍 수익이 다른 나라보다 상대적으로 높게 창출되고 있다.

참고문헌

김경훈(2021.10.5). 작년 7억원 번 분홍단발 소녀 '이마'…그녀의 정체는?. ≪서울신문≫, https://www.sedaily.com/NewsView/22SMHM2ADK

김성지(2023.12.23). [IT플래시] 버추얼 휴먼 전성시대 ① 등장 배경과 인기 이유는?. ≪소비자경제≫, https://www.dailycnc.com/news/articleView.html?idxno=225833

김승희(2023.3.9). 가상인간 쇼호스트 진짜 사람보다 1.5배 몰렸다. ≪채널A≫, https://www.ichannela.com/news/main/news_detailPage.do?publishId=000000338154

박태순(2021.12.16). 버추얼 휴먼은 불쾌한 골짜기(Uncanny

Valley)를 넘어갈 수 있을까?. ≪한국경제≫, https://www.hankyung.com/article/202112151126i

신혜경(2020). MZ 세대의 콘텐츠 콜라보레이션을 활용한 패션브랜드의 가치창출 사례연구. ≪복식문화연구≫, 28(6), 830-844쪽.

최태범·고석용(2021.10.17). 샤넬이 반했다, 1년에 130억 번 가상인간..기업들이 러브콜 하는 이유. ≪머니투데이 ≫, https://v.daum.net/v/20211017070001463

이마(IMMA)쇼핑몰, https://astral-body.xyz/

Virtualhumans, https://www.virtualhumans.org

04
주요 국가별 특징과 비즈니스 트렌드: 베트남

베트남은 빠른 경제 성장과 정보통신 기술의 발전에 따라 다양한 영역에서 변화가 이루어지고 있으며 버추얼 휴먼도 이러한 흐름 속에서 중요한 혁신 수단으로 활용되고 있다. 특히 MZ 세대를 중심으로 버추얼 휴먼에 대한 관심이 증가하면서 패션, 유통, 콘텐츠 관련 산업에서의 도입이 시도되고 있다. 하지만 버추얼 휴먼 시장은 초기 단계에 있으며 기업적 활용에 개발에 대한 비용 부담 및 버추얼 휴먼에 대한 인식이 보편화되지 않아 일반 기업의 사업적 활용은 제한적인 상황이다.

AI와 사주?

MZ 세대의 가치 소비를 위한 버추얼 휴먼

베트남의 버추얼 휴먼 비즈니스는 아직 초기 단계이지만 모바일과 디지털 활용에 익숙한 MZ 세대들을 중심으로 일반 사용자 주도형 비즈니스 시장이 형성되고 있다. 특히, 베트남의 MZ 세대 또한 자신이 가치 있다고 생각하는 것에 비용을 기꺼이 지불하는 가치 소비를 중시하는 경향이 있으며, 우리나라의 욜로(YOLO, You Only Live Once) 문화와 유사한 성향을 보이고 있어 저축보다는 현재의 경험과 만족을 위한 소비를 중시하는 경향이 있다. 이와 함께 스마트폰 보급률이 높고 신기술에 대한 수용도가 높은 디지털 네이티브적 성향이 높다. EBN 산업경제 뉴스 기사에 따르면 2023년 12월 기준 베트남 전체 인구 중 MZ 세대의 비중이 절반을 넘어서고 있으며 이들이 베트남 소비 시장을 주도하고 있다.

기술과 콘텐츠 격차에 따른 국내 기업의 비즈니스 기회 요인

베트남의 버추얼 휴먼 관련 기술과 콘텐츠 수준은 IT 전반의 빠른 성장에 비해 다른 나라들과 비교하면 상대적으로 뒤처져 있다. 또 관련 시장은 기업(B2B 및 B2G)보다 일반 사용자(B2C) 시장에서 기회가 더 높다. 이는 베트남의 인구 구조와 소비 시장에서 MZ 세대의 소비 의존도가 크기 때문인데, 소비자의 니즈를 충족할 자국의 버추얼 휴먼 기술 및 콘텐츠 관련 기업이 상대적으로 부족하고 일본이나 미국처럼 상업적으로 성공한 버추얼 휴먼 사례가 부재한 상황이다.

이러한 비즈니스 환경은 국내 스타트업 기업에 큰 기회 요인으로 작용하고 있다. 일정 수준 이상의 기술과 콘텐츠 크리에이티브 경쟁력을 갖춘 국내 스타트업 기업 등이 베트남 시장에 대해 진출을 하고 있으며 한국콘텐츠진흥원 등 국가 기관의 글로벌 판로 개척 지원 사업과 연계해 성공 사례를 만들어 가고 있다. 대표적인 사례가 한국콘텐츠진흥원에서 주관한 한국 베트남 라이선싱 페어 지원 사업에 참여한 국내 버추얼 휴먼 스타트업 기업인 밀레니얼웍스가 있다. 해당 기업은 베트남에서 가장 규모가 큰 대형 쇼핑몰인 장띠엔 플라자에 입점해 버추얼 휴먼을 활용한 쇼핑몰에서의 새로운 고객 경험을 제시하였다. 이는 베트남 최대 규모의 백화점이며 최초의 백화점이라는 상징성이 있는 체험 매장에 입점하여 MZ 세대를 위한 고객 경험 및 가치 소비를 제공하였다는 데 의미가 있다.

MZ 세대의 가치 소비를 위한 버추얼 휴먼

베트남 MZ 세대의 버추얼 휴먼에 대한 선호도 및 니즈 분석을 위해 생성형 AI 기술을 활용한 포토 부스, AI 비전 객체 인식 기술을 활용한 댄스 챌린지, AI 모션 캡처 기술을 활용하여 만든 모션 게임 등의 서비스를 구성하여 사용자 참여 및 행동 데이터를 수집하였다.

AI 포토 부스는 생성형 AI 기술을 활용해 단 1분 만에 나를 닮은 버추얼 캐릭터를 만들 수 있는 서비스로 애니모먼트라고 부르는데 자신의 의상, 머리 스타일 및 얼굴 특징까지 개성을 잘 표현하고 나를 닮은 버추얼 캐릭터를 생성해 주는 신개념 AI 포토 부스다. 객체 인식 기술을 활용한 댄스 챌린지는 카메라에 AI 비전 기술을 탑재하여 사람의 행동을 추적하여 신나는 음악에 맞춰 춤을 추고 이를 별도의 캐릭터 형태로 표현하는 서비스다. 마지막으로 모션 게임은 가상의 배경에서 특정 캐릭터가 등장하여 터치하고 수집하는 실시간 상호 작용 게임이다.

MZ 세대의 성향을 분석한 결과 AI 포토 부스 이용자가 가장 많은 특성을 보였다. 4개월간 5000명 이상 참여하였는데 사진 1장당 약 10만 동(한화 약 5000원) 수준의 비교적 높은 가격임에도 불구하고 지속적인 수요가 증가하고 있다. 또한, 타 온오프라인 유통업체의 입점(빈컴 센터, AEON몰 등) 문의가 증가하고 있다.

이러한 특징을 종합해 보면 베트남의 버추얼 휴먼은 개인화된 버추얼 휴먼, 즉 자신을 닮은 버추얼 휴먼 생성에 기꺼이 비용을 지불하는 가치 소비에 대한 수요가 있다는 것을 파악할 수 있었다. 또 버추얼 휴먼을 일상의 일부로 받아들이고 새로운 놀이 문화 및 트렌드로 인식하며 지속적으로 이용한다는 점에서 향후 수익 모델로서의 발전 가능성을 예측해 볼 수 있었다.

아직은 보수적인 기업 시장의 버추얼 휴먼

이에 반해 기업 시장에서의 버추얼 휴먼은 아직 관련 기술 및 서비스에 대한 이해 수준이 낮으며 기업의 경연 및 판매 등 기업 활동의 수단으로 버추얼 휴먼을 적용하는 데 매우 보수적인 상황이다. 다시 말해 베트남의 IT 전반의 빠른 성장에 비해 버추얼 휴먼 관련 기술은 상대적으로 부족해 제작 단가에 대한 절감 방안을 찾지 못하고 있으며 콘텐츠에 대한 서비스적 활용 방안의 필요성에 대한 인식이 아직은 낮은 상황이다.

대신 베트남에서도 인플루언서나 유튜버를 전문적으로 양성하는 MCN(Multi-Channel Network) 기업에서

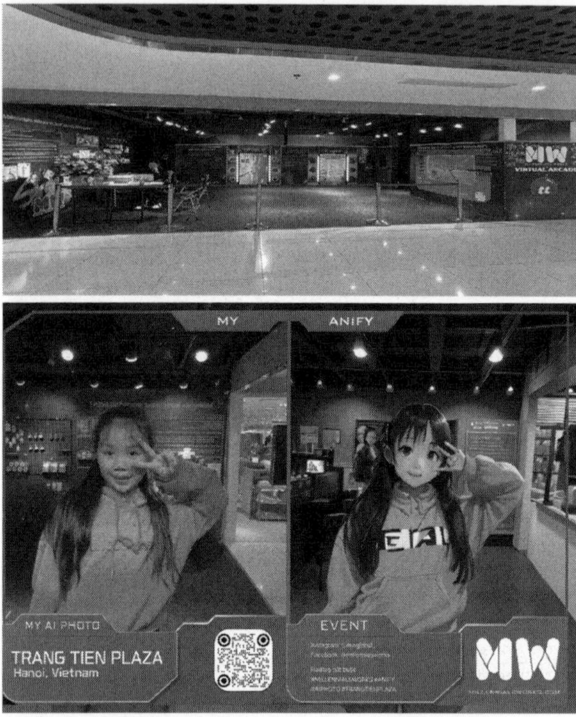

그림 4-1. 장띠엔플라자에 입점해 있는 버추얼 휴먼 포토 부스.

일부 인플루언서의 버추얼 휴먼 전환에 대한 방안을 검토하고 있다. 베트남의 MCN 기업인 VTC 온라인(VTC Online)은 기업 내 인플루언서, 게임 캐릭터 등을 버추얼 휴먼으로 전환하여 육성하는 부분을 고민하고 있으나, 투입 비용에 대한 효과 때문에 신중한 입장이다. 실제 베트남 기업 시장은 한국에서의 버추얼 휴먼 개발비의 10~20% 수준의 지불 의향을 보여 이에 대한 시장 수요가 아직은 초기라 할 수 있다.

향후 과제와 전망은?

베트남의 버추얼 휴먼 비즈니스는 시장 초기 단계이며 기술 도입과 콘텐츠 활용에 대해 보수적 태도를 보인다.

그러나 MZ 세대를 중심으로 가치 소비와 새로운 고객경험 관점에서 쇼핑 분야 등 점진적으로 성장 가능성이 크다고 판단된다. 특히, 기업 관점에서 MCN 및 유통업에서의 버추얼 휴먼 적용 및 도입이 확대되면 베트남의 버추얼 휴먼 비즈니스는 또 다른 성장 기회의 장이 될 가능성이 높다.

참고문헌

밀레니얼웍스, https://millennialsworks.com/
빈컴, https://vincom.com.vn/
장띠엔프라자, https://www.trangtienplaza.net/
VTC Online, https://vtconline.vn/

05

CPND 관점의 비즈니스 이해관계

버추얼 휴먼은 CPND 가치 사슬 관점에서 콘텐츠, 플랫폼, 네트워크, 디바이스가 유기적으로 결합해 가치를 창출하는 데 중심 역할을 한다. 비즈니스 관점에서는 스타트업 기업과 대기업의 협력적 거래 관계를 기반으로 다양한 이해관계가 형성되는데 스타트업 기업은 주로 AI 기반 콘텐츠 사업자로서 애자일(Agile) 방식으로 버추얼 휴먼의 형상을 개발하고, 대기업은 주로 플랫폼과 네트워크 사업자로 콘텐츠의 유통과 인프라를 지원하며 시장을 공략하고 있다.

AI와 아이돌?

CPND 관점의 버추얼 휴먼 가치 사슬

버추얼 휴먼의 비즈니스화를 위해서는 IT 전반의 가치 사슬에 대한 이해가 필요하다. 버추얼 휴먼을 실제 사용자가 경험하고 이용하고 실제 수익화가 되기 위해서는 CPND 가치 사슬이 유기적으로 순환되며 가치를 창출하여야 한다. CPND는 콘텐츠(Contents), 플랫폼(Platform), 네트워크(Network), 디바이스(Device) 4가지 요소로 구성된 사업자들의 연결 고리를 의미한다. 각각의 요소는 AI 기술의 발전으로 서로 독립적으로 작용하기보다 서로 연결되어 있으며 복합적인 상호 작용을 하며 비즈니스 전반에 중요한 임무를 수행한다. 특히 버추얼 휴먼은 CPND 관점에서 비즈니스화를 위한 핵심 요소로 자리매김하고 있다.

콘텐츠

버추얼 휴먼 비즈니스의 시작과 핵심은 콘텐츠(Contents)다. 버추얼 휴먼의 비즈니스화를 위해서는 먼저 매력적이고 사용자들의 호기심과 관심을 이끌어 낼 수 있는 차별적인 버추얼 휴먼 콘텐츠가 필요하다. 버추얼 휴먼 자체가 콘텐츠이며 현재의 버추얼 휴먼 비즈니스는 콘텐츠 영역이 주도하며 시장을 형성하고 있다. 버추얼 휴먼을 콘텐츠화하여 영상, 음악, SNS 등에 업로드하고 이슈화한 엔터테인먼트 콘텐츠가 초기 비즈니스 시장을 이끌고 있다. 버추얼 휴먼 비즈니스에서 콘텐츠 분야는 초기 스타트업 기업 및 개인 창업자도 도전해 볼 수 있는 영역이다. 생성형 AI를 활용해 버추얼 휴먼의 다양한 캐릭터를 빠르게 만들어 볼 수 있으며 특정 타깃의 니즈를 AI의 추천 알고리즘 등을 활용해 큐레이션 연계형 콘텐츠를 구현해 볼 수 있다. 특히, 버추얼 휴먼의 캐릭터 생성과 서비스 구현을 위한 전체 스토리 구성은 콘텐츠 영역의 핵심이자 버추얼 휴먼 비즈니스 성공에 가장 중요한 영역 중 하나다. 콘텐츠는 명확한 세계관과 스토리텔링을 통한 사용자의 감성과 일상을 연결하는 초기 기획이 매우 중요하다. 버추얼 휴먼은 사용자의 또 다른 자아로 대변될 수 있다. 따라서 버추얼 휴먼이 사용자와 상호작용하는 방식은 명령하고 응답하는 단순 대화형 서비스가 아니라 사용자의 평소 가치관 및 감정적 연결 고리를 만들어 지속적으로 콘텐츠의 사용성을 높여 주기 위한 다양한 노력이 수반되어야 한다.

최근에는 콘텐츠 관점의 버추얼 휴먼 제작이 다양해지고 있다. 초기 버추얼 휴먼 콘텐츠는 사람처럼 보다 사실적으로 인물을 형성하는 캐릭터 제작 방식(Photo

Realistic Type)에 대한 사례가 상대적으로 많았다. 이후 애니메이션 형태나 게임형 아바타, 사물을 의인화한 캐릭터 등 다양한 콘텐츠 방식으로 버추얼 휴먼 콘텐츠가 생성, 제작되고 있다. 예를 들어 일본은 전통적으로 애니메이션에 대한 선호가 높은데 일본 애니메이션에 등장하는 다양한 캐릭터를 버추얼 휴먼 콘텐츠로 제작하여 사용자에게 큰 호응을 끌어내고 있으며 포르투갈에서는 소시지(Sausage)를 사람처럼 제작하여 재미 요소를 부각하여 사용자들을 위한 다양한 상품 판매, 홍보 활동으로 활용하고 있다. 이 캐릭터는 실제 유튜브 구독자가 250만 명이 넘고 틱톡 구독자가 2000만 명이 넘는 인플루언서로 활약하고 있다. 이는 사용자가 원하는 방식과 국가별 선호하는 특성이 서로 다르기 때문인데, 버추얼 휴먼 콘텐츠 제작 초기에는 이러한 타깃 사용자의 다양한 니즈를 체계적으로 분석하여 버추얼 휴먼 콘텐츠 생성을 다양화하고 어떠한 가치 제안을 할 것인지에 대한 콘텐츠 기획이 반드시 선행되어야 한다.

플랫폼

플랫폼(Platform)은 버추얼 휴먼을 개발하고 구현하기 위해 필요한 요소다. 여기서 말하는 플랫폼은 버추얼 휴먼을 개발하기 위한 시스템 요소를 의미한다. 최근 버추얼 휴먼의 개발 방식은 생성형 AI 기술을 활용해 얼굴과 형상(Body)을 빠르고 정교하게 만들어 주는 것뿐만 아니라 AI 플랫폼의 형태로 사용자가 원하는 특징을 선택하고 드래그 앤 드랍(Drag & Drop) 방식으로 클릭만 하면 버추얼 휴먼을 생성해 주는 방식으로 진화, 발전하고 있다. 버추얼 휴먼을 개발하기 위한 플랫폼은 주로 얼굴과 보디(Body) 중심으로 사실적으로 인물을 만들어 주는 CG/VFX 기술을 활용하는 제작물 방식과 AI 기술을 활용해 얼굴과 보디 생성 및 음성 기술 등 멀티모달 형 데이터가 추가된 대화형 버추얼 휴먼 방식이 있으며, 최근에는 사전에 다양한 버추얼 휴먼 및 실제 인물 데이터를 학습해 플랫폼에 탑재하고 빠르게 버추얼 휴먼을 생성하는 플랫폼 서비스 방식이 주목받고 있다.

먼저 버추얼 휴먼의 초기 시장에서 사용하던 방식인데 모션 캡처 장비와 페이스 스와프(Face Swap)를 주로 활용하여 신체 여러 부위에 움직임을 추적하는 마커를 붙이고 고성능 카메라를 활용해 사람의 뼈대를 데이터화하여 추출하는 3D 스켈레톤(Skeleton) 방식 등이 있다. 이와 함께 실제 사람의 동작을 촬영하거나 사진 등을 통해 만든 이미지로 3D 얼굴을 생성하고 이후 다른 얼굴로 교체하는 페이스 스와프 방식이 있다.

한편, 멀티모달 형 AI 기술 활용 방식은 기존 얼굴이나 보디 생성 결과물을 음성 처리 기술 등과 연계하여 사람과의 실시간 상호 작용 및 대화를 할 수 있거나 처음부터 사진 등 사람의 형상을 이미지나 모션 데이터로 수집하고 데이터 학습을 통해 버추얼 휴먼을 생성하는 AI 버추얼 휴먼 방식이 있다.

마지막으로 AI 플랫폼형 버추얼 휴먼 방식은 가장 최근에 적용되고 있는 방식인데 기존의 인물 형상에 대한 완성도(얼굴 화질, 정교한 움직임 등)를 낮추는 대신 제작 시간과 비용을 대폭 줄이고 실시간 서비스가 가능하고 구독형 요금제 등을 활용한 방식이다. 이러한 방식은 자체 플랫폼을 보유하고 인프라 서비스까지 제공이 가능한 대기업 및 플랫폼 오너(Platform Owner, 플랫폼 보유 기업)가 주로 역할을 담당하고 있다.

최근 버추얼 휴먼 비즈니스 업계에서는 창작 · 제작물로서의 완성도 높은 버추얼 휴먼보다는 다양한 캐릭터 콘텐츠를 활용하고 실시간 대화가 가능하고 빠르게 내가 원하는 영역에 활용할 수 있는 플랫폼형 버추얼 휴먼에 대한 수요가 증가하고 있다.

네트워크

네트워크(Network)는 버추얼 휴먼을 구현 및 지속해서 운영하기 위한 인프라적 요소다. 특히, 버추얼 휴먼이 비즈니스적으로 확대되기 위해서는 네트워크 지원이 필수적이다. AI가 적용된 버추얼 휴먼과 AI 플랫폼 기반 버추얼 휴먼이 실시간으로 사용자가 원하는 콘텐츠를 제공하거나 대화형 서비스, 특정 과업(Task)을 수행하기 위해서는 플랫폼을 구동하고 지속해서 운영하기 위한 네트워크 환경이 필수다. 또 실시간 스트리밍 형태나 AI 플랫폼 내 대화형 API 실시간 연동 등을 위해서는 5G 네트워크 활용이 필요하다.

하지만 아직 버추얼 휴먼 비즈니스 환경은 대용량의 트래픽이 발생하고 5G 네트워크 및 GPU 인프라를 필수적으로 활용해야 하는 수준은 아니다. 여전히 제작형 버추얼 휴먼의 사용이 대중적이며, AI 플랫폼을 활용한 버추얼 휴먼 방식도 버추얼 휴먼을 캐릭터로서 다양화하고 자원을 대폭 줄여 인프라 사용을 최소화하고 있기 때문이다. 이와 함께 국내 버추얼 휴먼의 글로벌 확장에 관한 성공 사례가 아직 없어 네트워크 지원이 필수가 되는 킬러 콘텐츠가 필요한 상황이다.

디바이스

디바이스(Device)는 버추얼 휴먼을 유통하고 소비할 수 있는 채널이다. 버추얼 휴먼의 기업 비즈니스(B2B)의 대표적인 서비스 유형은 AI 비서 형태로 고객 응대, 프젠젠터 아나운서 등의 형태로 주로 활용되고 있다. 이때 적용되는 디바이스는 PC, 태블릿 PC, 모바일 등 다양하다. 버추얼 휴먼의 디바이스 내 탑재 트렌드는 N-스크린 형태로 확대되고 있다. 초기 버추얼 휴먼의 활용 디바이스는 주로 PC나 모바일이었으나, 기업 비즈니스에 활용되면서 키오스크, 냉장고, 안내 로봇, 스마트 미러 등으로 확장되고 있다. 버추얼 휴먼의 디바이스 비즈니스 적용 및 확대는 버추얼 휴먼 산업 자체의 대중화 및 규모의 경제에 도달하기 위해 매우 중요한 분야다. 왜냐하면 기존 산업의 파급 효과가 높고 시장 규모 및 성장성이 높은 분야가 디바이스 기반 사업을 하고 있기 때문이며 디바이스와 연계한 버추얼 휴먼의 성공 여부가 향후 버추얼 휴먼 비즈니스의 핵심 성공 요인이라고 해도 과언이 아니다.

최근에는 버추얼 휴먼이 금융, 판매제조업 분야 고객 응대를 위한 안내원 임무를 수행하며 대고객 접점에서의 활용성을 높이고 있다. 버추얼 휴먼의 디바이스 활용은 타 기술과 융합되어 다양한 부가가치를 창출할 수 있다. VR이나 AR 및 홀로그램에 등장하는 버추얼 휴먼은 일종의 콘텐츠 가이드 역할을 하는 NPC(Non-Playable Character) 형태로 활용될 수 있는데 AI 기술을 탑재해 버추얼 휴먼이 AI NPC의 지능형 서비스로 확장될 수 있으며, VR/AR 등 HMD(Head Mounted Device) 기기에 적용되어 디바이스 확장과 서비스 확장의 시너지를 기대할 수 있다.

CPND 관점의 버추얼 휴먼 비즈니스의 복합적 상호 작용

버추얼 휴먼 비즈니스의 성공을 위해서는 지금까지 설명한 CPND 가치 사슬의 각 요소가 서로 독립적으로 작용하는 것이 아니라 서로 영향을 주고받으며 복합적인 상호 작용을 기반으로 성장해야 한다. CPND 가치 사슬은 버추얼 휴먼이 목표 사용자에게 필요한 실질적인 가치와 혜택을 제공하고 그 가치가 지속적으로 소비되는 선순환 구조를 이루어야 한다. 각 요소가 상호 보완적이며 복합적인 상호 작용을 통해 비즈니스 경쟁력을 갖추게 된다.

이러한 관점에서 콘텐츠는 버추얼 휴먼의 성공을 위

한 출발점이며, 사용자가 가장 먼저 경험하게 되는 요소다. 콘텐츠는 고유의 스토리와 캐릭터가 있어야 하며 타깃 사용자에게 새로운 고객 경험을 제공하여 상호 작용을 끌어내야 한다. 가장 강력한 상호 작용 요소가 AI 기술이며 버추얼 휴먼과 결합되어 콘텐츠가 현재의 비즈니스를 주도하고 있다.

하지만 콘텐츠가 비즈니스적으로 활용 가치가 높아지려면 제작 비용 관리와 배포 및 운영이 효율적으로 이루어져야 하는데 이러한 역할을 플랫폼에서 담당하여야 한다. 최근의 비즈니스는 다양한 버추얼 휴먼 플랫폼이 등장하여 빠르고 가격 경쟁력이 있는 서비스를 제공하며 시장이 빠르게 형성되고 있다.

한편, 콘텐츠와 네트워크 역시 서로 긴밀하게 상호 작용하여야 한다. 버추얼 휴먼이 플랫폼을 통해 사용자에게 실시간 서비스를 제공할 때 네트워크 속도와 안정적 운영은 매우 중요한 요소가 된다. 네트워크가 원활해야 버추얼 휴먼이 실시간으로 끊김이 없이 상호 작용을 이어 갈 수 있다.

이와 함께, 플랫폼과 디바이스의 상호 작용 역시 중요하다. 플랫폼은 사용자가 다양한 디바이스를 통해 버추얼 휴먼 콘텐츠를 소비할 수 있도록 일관된 서비스를 운영하여야 하며, 각 디바이스 특성에 맞는 호환성과 최적화된 사용자 경험을 제공하여야 한다. 디바이스는 사용자와 버추얼 휴먼의 최접점의 경험을 제공하는데 디바이스 다양화에 따른 플랫폼 연동성도 함께 고려하여야 한다.

CPND 가치 사슬 간 복합적 상호 작용은 버추얼 휴먼 비즈니스의 경쟁력을 높이는 데 핵심 요소다. 콘텐츠, 플랫폼, 네트워크, 디바이스가 서로 유기적으로 연결되고 상호 작용해야 목표 사용자에게 최적의 서비스를 제공하고 지속 가능한 비즈니스 구조를 만들 수 있다. 매력적인 콘텐츠가 만들어졌어도, 플랫폼이 적절하게 구현하지 못하거나 네트워크가 불안정하여 실시간 상호 작용이 이루어지지 않는다면, 사용자 측면의 만족도는 낮아지고 지속 가능한 비즈니스로 연결되기 어렵다.

결국, 버추얼 휴먼 비즈니스의 성공은 CPND 가치 사슬에서 각 요소가 얼마나 유기적으로 연결되고 상호 작용하느냐에 달려 있다. 이러한 복합적 상호 작용에 대한 이해를 바탕으로 버추얼 휴먼 비즈니스에 접근하여야 한다.

이를 위해 먼저, 현재의 위치에서 각자 어떠한 가치 사슬에서 비즈니스를 시작할지 결정하여야 한다. 개인이나 스타트업 기업은 상대적으로 콘텐츠 가치 사슬에서 시작할 확률이 높은데 차별화된 버추얼 휴먼 콘텐츠 제작과 함께 이러한 CPND 가치 사슬 관점에서 또 다른 영역에 있는 파트너들과 어떠한 시너지를 낼 것인지 고민하여야 한다. 특히, 개인이나 스타트업 기업은 디바이스 사업자와의 시너지를 선제적으로 고민할 필요가 있다. 콘텐츠 제작 단계부터 디바이스 확장성을 고려한 반응형 콘텐츠 개발이라든지 최근 디바이스 수요가 높아지고 있는 키오스크 내 콘텐츠 적용할 수 있는 부분에 관한 연구와 기획을 선행한다면 보다 성공적인 버추얼 휴먼 비즈니스를 구사할 확률이 높다.

참고문헌

안도경·김승인(2023). 가상성 개념 분석을 통한 버추얼 휴먼 개념 정의. *Archives of Design Research, 36(4)*, 193-209쪽.

최계영(2020). 디지털 플랫폼의 경제학 I: 빅데이터·AI 시대 디지털 시장의 경쟁 이슈. *KISDI Primium Report, 2020(1),* 1-42쪽.

Garg, A.(Ed.)(2023). Reinventing Technological Innovations with Artificial Intelligence. Bentham Science Publishers.

Kenney, M., & Zysman, J.(2016). The rise of the platform economy. *Issues in science and technology, 32(3)*, pp. 61.

Na, Y. B., et al.(2016). Study on analysis of the Corporate requirements and CPND Value chain for e-book Market Activation. *Journal of Digital Convergence, 14(4)*, pp.

163-171.

Park, U. J., et al.(2020). A Study on The Personalized Seamless Smart Home Service Design for Life-style Care in Phono Sapience era. *Journal of Information Technology Services, 19(5)*, pp. 1-14.

06
버추얼 휴먼 세계관 구축과 페르소나

성공적인 버추얼 휴먼 비즈니스를 위해서는 세계관 구축과 페르소나 설정이 매우 중요하다. 세계관이란 버추얼 휴먼이 공략 고객에게 전달되는 일관적 메시지이며 일종의 존재의 이유와 명확한 목적성과 당위성이며 페르소나는 버추얼 휴먼의 개성 등을 의미한다. 시장에서 성공하기 위해서는 이러한 세계관 구축과 페르소나를 보여 주며 실제적인 가치를 제공하여야 한다.

AI와 야구?

버추얼 휴먼의 세계관과 페르소나

세계관은 버추얼 휴먼의 콘텐츠 제작 시 스토리 전개나 캐릭터 형성에 중요한 역할을 한다. 세계관은 서비스 전반의 스토리 맥락을 제공하고 인물 간 또는 인물과 특정 객체와의 상호 작용에 대한 규칙과 문화를 포함한다. 세계관은 일반적으로 게임에서 중요시하는 요소이기도 하다. 세계관을 구축하기 위해서는 시간, 공간, 인과적 배경이 일관적이고 명확한 방향성이 연결되어야 한다. 세계관 구축에서 시간적 배경은 콘텐츠의 배경이 되는 시대, 역사적 사건, 문화적 배경 등 시대상을 연결하는 기법이다. 공간적 배경은 콘텐츠 서비스의 배경이 되는 장소, 지형, 기후 등을 의미한다. 인과적 배경은 일종의 권선징악 같은 서사를 의미하기도 하며 특정 이벤트, 미션 등에 대한 원인과 결과의 흐름을 의미한다. 대표적인 사례는 쿠키런이라는 게임 콘텐츠다. 쿠키런의 시간적 배경은 판타지 세계의 한 시대다. 또 달콤한 바다, 푸른 하늘, 웅장한 산맥 등이 공간 배경으로 등장한다. 인과적으로는 마녀의 억압으로부터 자유를 얻고 새로운 세상을 건설하는 쿠키들의 이야기를 담고 있다. 명확한 세계관은 사용자들에게 지속 가능한 경험과 서비스를 제공하여 신뢰성을 제공할 수 있다. 버추얼 휴먼 역시 콘텐츠 기획 및 제작 단계부터 명확한 세계관 설정이 필요하다. 물론 기업 고객이나 정부, 공공기관에서의 버추얼 휴먼 활용은 기획 단계부터 사용 목적이 명확하기 때문에 세계관 구축의 상대적인 중요도가 낮으나, 목표 고객 특성에 관계없이 버추얼 휴먼 자체의 세계관 구축은 서비스의 지속가능성과 성공에 중요한 역할을 한다.

한편, 페르소나는 목표 고객에 대한 의인화 및 대표적인 특성을 의미한다. 페르소나는 실제 목표 고객에 대한 다양한 데이터를 수집하여 구성될 수 있다. 인구통계학적 특성, 라이프 스타일 등을 포함하는데 일반적으로 페르소나를 설정하기 위해 해당 서비스에 대한 가상 타깃을 설정하고 이에 대한 이름, 나이, 예상 관심사, 불만 사항 등에 대한 특성을 예상하고 이에 대한 니즈를 충족하기 위해 다양한 기능, 서비스 등을 보완한다. 페르소나가 제대로 구축되지 않으면 사용자에게 매력적으로 어필하기 어려우며 캐릭터와의 친숙함 등 유대감 형성이 어려워진다. 특히 버추얼 휴먼의 활용 측면에서 페르소나가 사용자 요구나 니즈에 맞게 설정되면 보다 고객 친화적 관계를 형성할 수 있다.

국내 최초의 가상 인플루언서는 2020년에 탄생하였는데 영원히 변치 않는 20대 초반의 나이로 동양적 마스크와 171cm의 서구적 체형과 개성 넘치는 패션 센스를 갖추었고 성격은 자유분방하고 사교적이다. 노래, 춤, 연기 등 다양한 재능을 가지고 있으며 사람들에게 기쁨과 희망을 선사하기 위한 다양한 활동들을 하고 있다. 실제 버추얼 휴먼을 제작하기 위해 초기 기획 단계부터 버추얼 휴먼을 가상 인간이라는 개념이 아닌 실존 인물을 가정하고 나이, 가치관, 사고방식 등에 대한 철저한 기획과 개발을 연계하였다. 실제 버추얼 휴먼의 세계관 및 페르소나를 구축하기 위해 10명 이상 되는 팀이 역할을 분담하여 버추얼 휴먼의 이야기를 준비하였다. 이를 위해 제작/관리, 캐릭터 연출, 모델링, 렌더링, PD, 홍보, 마케팅 관련 인력이 투입되었다. 해당 버추얼 휴먼의 성공 요인은 명확한 세계관을 제시하고, 활동 매체를 SNS로 지정하여 철저히 사람과 같은 행동 양식을 답습한 것이다. 예를 들어 인스타그램에 업로드되는 메시지 말투도 페르소나에 맞는 어투, 표현 등 세심한 부분까지 고려하는 디테일에 집중하였다.

또 다른 사례는 2016년에 탄생한 미국의 버추얼 휴먼으로 인스타그램 등 SNS에서 활동하며 전 세계적으로 큰 인기를 얻고 있다. 해당 버추얼 휴먼은 AI와 인간이 공존하는 현대사회를 배경으로 미국 LA의 힙스터 문화와 패션 산업을 주도하는 인플루언서로서의 세계관을 가지고 있으며 19세의 여성이자 모델, 음악가면서 성격은 개방적이며 사회 문제에 관심이 많다. 패션과 음악을 통해 자신을 표현하고 사회적 메시지를 전달하며 자신만의 일관된 가치관을 전달하고 있다.

버추얼 휴먼의 성공을 위해서는 버추얼 휴먼의 외형적 모습뿐만 아니라 말투, 행동 방식, 가치관 등을 포함하는 사람과 같은 인격적 요소까지 고민하여야 하며, 시간, 공간, 인과적 배경이 일관적이어야 하고 지속적으로 고객과 커뮤니케이션하여야 한다.

이러한 세계관 구축과 페르소나 구현을 위해서는 몇 가지 고려해야 하는 사항이 있다. 먼저 목표 고객과 사용 목적에 맞는 초기 기획을 하여야 한다. 앞서 언급하였듯이 세계관 구축과 페르소나 구성은 일반 사용자 고객에서 더 강조하지만 일반 기업 고객 대상으로도 사용 목적이 세계관과 페르소나와 연결된다면 보다 큰 효과를 기대할 수 있다. 한편, 사용자 관여도와 상호 작용을 유발할 수 있는 요소를 포함하여야 한다. 이를 위해서는 단순 캐릭터 제작을 넘어 음성 대화 AI 기술 및 초거대 AI를 연계하여 단순 명령어 기반 대화가 아닌 상호 소통하며 감성적 대화까지 연결되는 복합 추론 기술 기반 대화 기술이 탑재되면 효과적일 수 있다. 이와 함께 현실 세계와의 연결고리를 강화해 공감대를 형성하고 이를 서비스로 확장하는 전략적 접근이 필요하다. 예를 들어 공익적 가치 및 사회 공헌 활동의 현실 세계 이슈에 버추얼 휴먼을 활용해 다양한 사용자의 참여를 유도하고 사회 문제에 대한 홍보 마케팅을 연계하는 방식을 버추얼 휴먼을 통해 운영한다면 보다 효율적인 세계관과 페르소나 구축이 가능할 것이다. 또한, 지속적인 스토리텔링 및 콘텐츠 업데이트로 버추얼 휴먼의 생명력을 지속할 수 있게 유도하여야 한다. 이를 위해서는 AI 기술 기반 버추얼 휴먼 플랫폼 서비스를 연계하여 다양한 버추얼 휴먼 캐릭터를 설정할 수 있도록 사용자 편의를 제공하고, 각 캐릭터의 역할을 설정하여 버추얼 휴먼의 세계관과 페르소나에 대한 일관적인 고객 경험을 제공하여 고객에게 신뢰감을 제공해 주어야 한다.

참고문헌

강필준·이상원. (2021). 미디어 환경 변화에 따른 캐릭터 마케팅의 트렌드 분석: 국내 멀티 페르소나 캐릭터를 중심으로. ≪애니메이션연구≫, 17(2), 7-30쪽.

서영호 외(2021). 디지털 휴먼의 현재와 미래. ≪방송과 미디어≫, 26(4), 72-81쪽.

성민영·배상준(2023). 세계관 구축의 개념과 그 방법론에 관한 연구 - 좀비 콘텐츠〈킹덤〉의 사례를 중심으로. ≪문화콘텐츠연구≫, (28), 37-77쪽.

여경미(2024). 버추얼 아이돌, 신한류의 주역 될까. 포브스 코리아, 138-141쪽.

유제상(2013). 글로컬문화콘텐츠의 세계관 기획에 관한 연구. ≪글로벌문화콘텐츠≫ (13).

Gardner, J.(2009). *The intelligent universe.* In Library of Congress Cataloging-in-Publication Data. pp. 361.

Kissinger, H. A., et al.(2021). *The age of AI: and our human future.* Hachette UK.

07
키오스크와 AI 버추얼 휴먼 비즈니스

키오스크는 버추얼 휴먼을 통해 사용자와의 상호 작용 범위를 확대할 수 있다. 기존의 터치형 방식에서 초거대 언어 모델을 버추얼 휴먼에 적용하여 사람과 실시간으로 소통하는 대화형 서비스를 제공하여 고객 경험 혁신을 유발할 수 있는 것이다. 특히, 키오스크 내 탑재되는 버추얼 휴먼은 일반 사용자 및 기업 시장 공통으로 강력한 비즈니스 수단으로 확대되고 있다. 이미 금융, 제조, 유통산업 분야 등에서 고객 관리 및 판매 활동, 홍보, 마케팅 전반에서 다양하게 활용되고 있으며 가장 파급력이 높은 비즈니스 영역이다.

AI와 윤동주?

버추얼 휴먼의 키오스크 적용 원리와 특징

버추얼 휴먼에 키오스크가 적용되면 기존의 키오스크 활용이 터치 방식에서 대화형 서비스로 전환되어 다양한 고객 경험을 제공할 수 있다. 버추얼 휴먼이 사람과의 자연스러운 대화 기반 정보 제공, 제품 안내, 개인화 맞춤 추천까지 다양한 임무를 수행하며, 이제는 각종 산업 현장에서 사람과 협업하는 파트너로 성장하고 있다. 이러한 흐름은 단순한 트렌드를 넘어, 디지털 전환을 위한 필연적 선택을 의미한다. 이러한 변화 흐름에 버추얼 휴먼은 멀티모달 관점의 AI 기술이 더해져 사람과의 상호 작용을 더욱 자연스럽게 만들고 있으며 비즈니스 혁신의 핵심 요소로 떠오르고 있다. 이러한 관점에서 키오스크 내 적용되는 버추얼 휴먼이 사람과 상호 작용을 하기 위해서는 기존의 콘텐츠 제작물로서의 접근이 아닌 AI 핵심 기술 및 응용 기술에 대한 이해를 바탕으로 서비스와 결합한 융합적 접근이 필요하다.

디지털 키오스크에 적용되는 버추얼 휴먼 기술은 사람 눈(Eye) 역할을 담당하는 비전(Vision) AI, 귀(Ear) 역할을 하는 자연어 처리 기술(NLP, Natural Language Processing)과 입(Mouth) 역할을 하는 사운드(Sound) AI 및 초거대 AI 기술이 적용된다. 이와 함께 사람의 형상을 만드는 생성형 AI 및 3D 그래픽 기술 등이 적용되며 사람과의 상호 작용을 위한 멀티모달 인터페이스를 통해 구현되는 방식이다.

사람의 눈 역할을 하는 비전 AI 기술은 사용자의 얼굴을 인식하고 개인 맞춤형 서비스를 제공하기 위한 기술이다. 키오스크 내 카메라를 탑재하여 딥러닝 기반 컴퓨터 비전(CV, Computer Vision) 기술을 활용해 얼굴을 인식해 개인 프로필 및 데이터베이스화하여 저장된다. 귀 역할을 하는 음성 처리 기술(NLP)은 음성과 함께 텍스트 데이터를 처리하는 기술인데 사용자가 키오스크에 질문을 할 때 사람의 언어를 기계의 언어로 변환 및 이해하여 응답하는 전체적인 과정을 포함한다. 음성 처리 기술은 인공지능 스피커에 적용되는 기술이 유사하게 적용되는데 사용자의 발화 후 대화를 시도하고 이에 대해 응답을 하기 위한 기술이다. 기존에는 규칙 기반형 대화만 가능하던 방식에서 최근에는 초거대 AI 기술이 적용되어 관련 분야에 대한 충분한 데이터 학습 후 사용자와의 복합 상황 인지 기반 자유 대화가 가능해졌다. 이와 함께 사람의 목소리처럼 실제 음성을 출력할 수 있는 음성 합성 기술을 적용해 특정 상황에 맞는 형태의 음성으로 사용자와의 대화가 가능해졌다. 예를 들어 고객 응대가 필요한 영업점에서 베테랑 응대 사원의 목소리를 합성해 대응하는 방식이다. 최근에는 사투리나 다수의 감정 표현어를 학습하여 지역 특성 및 대상 연령별 맞춤식 대화가 가능한 음성 기술 적용이 증가하고 있다. 이러한 AI 기술들의 표출은 텍스트, 음성, 영상 등 다양한 형태의 데이터를 종합하여 멀티모달 형태의 인터페이스를 구성하고 버추얼 휴먼의 외형이 더해져 사람과 자연스럽게 상호 작용하고 각 영역별 특성에 맞는 기술을 특화하고 학습시키는 방식이다.

기업에서의 버추얼 휴먼 활용과 비즈니스

기업에서의 키오스크를 활용한 버추얼 휴먼 비즈니스는 디지털 플랫폼 생태계 관점에서 살펴볼 필요가 있다. 기업고객 대상 버추얼 휴먼 비즈니스는 콘텐츠를 주로 제작하는 스타트업, CG/VFX 등 서드 파티(3rd Party) 기업들이 초기 비즈니스를 주도하였다. 최초의 버추얼 휴먼으로 평가받고 있는 브라질계 미국인 버추얼 휴먼 릴 미켈라는 2016년 탄생하였으며, 국내에서는 그 이후 주목받기 시작하였다. 서드 파티 기업들의 비즈니스 방식은 기업 고객을 겨냥하기보다는 일반 사용자 대상 가상 인플루언서로 주목받으며 주로 SNS 등의 폴로어(follower)

를 확대하며 이에 따른 부가 수익을 창출하는 방식이다. 이러한 인기를 바탕으로 기업 고객의 광고 모델로 발탁되거나 패션 브랜드 협업 등에 일부 시도되었다. 기업에서의 버추얼 휴먼 적용은 보는 관점에 따라 다양한 시각차가 존재하는데 국내 대기업이 대외적으로 보도자료 등을 통해 홍보를 시작한 것은 2020년 삼성전자의 네온(NEON) 프로젝트가 대표적인 사례다. 네온 프로젝트는 삼성전자의 자회사인 스타랩스에서 개발한 버추얼 휴먼인데 CES에서 처음 공개되었다. 코어(Core) R3 (Reality, Realtime, Responsive) 라는 핵심 기술을 중심으로 실시간으로 사용자와 대화하며 실제 사람 같은 표정과 제스처를 통해 상호 작용하는 특징이 있다. 네온 프로젝트는 버추얼 휴먼이 키오스크 및 다양한 디바이스(모바일, 태블릿 등)에 탑재되어 N-스크린 기반 서비스를 시도하였다는 데 의미가 있다. 이는 소프트웨어 중심의 버추얼 휴먼 비즈니스를 하드웨어와 연결해 사업적 규모를 확대하기 위한 제조업에서의 대표적 사례인데, 키오스크 내 업종별 특화 버추얼 휴먼을 탑재하여 제품화를 시도한 점에 의미가 있다. 네온 프로젝트는 이후 교육, 금융 상담, 헬스 케어 등 다양한 분야에 시범 적용하여 잠재적 가치를 보여 주었다. 키오스크를 활용한 비즈니스 접근은 사람과의 상호 작용을 365일, 24시간 가능하게 할 수 있어 새로운 형태의 비즈니스 기회를 발굴하였다. 이후 LG전자도 김래아라는 버추얼 휴먼을 CES에 기조연설에 등장시켜 LG의 비전과 기술을 소개하는 역할을 하였다.

하지만 아쉽게도 이러한 시도는 사업화까지 도달하지 못했다. 연구 단계 수준에서 사업화를 위한 캐즘(Chasm) 단계를 지나는 중이다. 버추얼 휴먼이 사람과 원활한 상호 작용하기 위해서는 실시간으로 주고받는 음성 대화, 시각 정보, 주변 환경 등에 대한 종합적인 이해를 바탕으로 데이터로 전환되고 대규모 트래픽을 수용할 수 있는 컴퓨팅 파워 등과 연결되며 안정적으로 운영되어야 하는데 아직은 여러 가지 도전과제들이 있는 상황이기 때문이다. 대신 일부 주력 상품 공간에서 특정 과업 수행을 위한 버추얼 휴먼 활용이 시범 적용되고 있다. 2022년 국민은행은 버추얼 휴먼을 활용한 영업점에서 지점 소개, 안내 인사, ATM 사용법 등 1차 고객 응대를 위한 목적으로 시범 적용하였고 이후 농협은행 등에서도 유사한 시도를 하고 있다. 해당 서비스는 사람과의 실시간 상호 작용보다는 키오스크 내 사전 정보를 입력하고 전달하는 단방향 서비스 방식이다.

일반 사용자의 버추얼 휴먼 활용과 비즈니스

일반 사용자의 키오스크를 활용한 버추얼 휴먼 비즈니스에서는 주로 키오스크 형태의 포토 부스와 결합한 형태의 오프라인 체험 연계형 서비스의 수요가 증가하고 있다. 사용자들은 포토 부스에서 개인의 모습을 닮은 맞춤형 버추얼 휴먼을 선택할 수 있고, 이미 사전 제작된 모습을 선택하는 것도 가능하다. 주로 자기 모습이 실시간으로 버추얼 휴먼으로 변환되고 사진의 형태로 결과물이 출력되는데 이러한 과정을 친구, 가족 등과 공유하고 소통할 수 있는 고객 경험을 제공하고 있다. 최근에는 생성된 이미지 결과물과 함께 사용자가 키오스크 화면의 QR코드를 인식하면 사전에 입력된 텍스트 메시지가 음성으로 출력되는 TTS(Text-to-Sound) 기능이 추가되어 기업 홍보용 메시지로 활용되고 있다. 이와 함께 버추얼 휴먼 관련 굿즈(Goods)를 구매할 수 있게 유도하여 추가 수익 창출의 기회를 만들고 있다. 키링, 배지, 액세서리 등 다양한 형태의 버추얼 휴먼 굿즈를 현장에서 바로 제작하고 구매할 수 있으며 DIY 형태의 굿즈 키트 구매로 이어질 수 있게 고객 소비 경험을 확대하고 있다. 이러한 시도는 국내 유통업 분야의 적용이 확대되고 있는데 동대문디자인프라자, 현대백화점, 롯데월드, AK프

그림 7-1. 현대 프리미엄아울렛 송도점에 전시된 버추얼 휴먼 키오스크.

라자 등 다양한 백화점, 아울렛 등 오프라인 공간에서 고객 경험의 소비를 위한 마케팅 도구로 활용되고 있다. 또한, 국내에서의 비즈니스 성공사례를 기반으로 해외에서의 수요도 점차 확대되고 있는데 일본 도쿄 신오쿠보

한인타운, 베트남 빈컴센터, 대만 101타워 등 각 도시의 대표 건물 및 장소에서 오프라인에서의 고객 경험을 연계한 비즈니스 활용이 증가하고 있다.

한편, 최근에는 이러한 키오스크형 버추얼 휴먼을 보다 빠르고 쉽게 만들며 비용 효율적으로 운영하기 위해 버추얼 휴먼 플랫폼 기반 서비스가 확대되고 있다. PC 기반 OS 환경에서 최적화되는 시스템에서 구동되며 생성형 AI 기술을 활용해 다양한 직업과 페르소나를 가진 사람의 얼굴과 목소리를 사전에 학습시켜 사용자가 원하는 인물을 선택하여 초상권과 저작권 제약 없이 다양한 콘텐츠를 제작할 수 있는 플랫폼형 서비스가 특징이다.

참고문헌

김철선(2020.10.29). 삼성전자 인공인간 프로젝트 '네온', CJ와 손잡았다. ≪연합뉴스≫, https://www.yna.co.kr/view/AKR20201029039800003

이상일(2022.3.12). KB국민은행도 '가상인간' 만든다, 금융권도 확산일로. ≪디지털데일리≫, https://www.ddaily.co.kr/page/view/2022031207070277586

Cui, L., & Liu, J.(2023). Virtual human: A comprehensive survey on academic and applications. *IEEE Access.*

08
홈쇼핑과 AI 버추얼 휴먼 비즈니스

초기 홈쇼핑은 TV 의존도가 높았다. 하지만 넷플릭스 같은 OTT의 등장으로 TV 의존도를 낮추고 OTT, SNS 등 뉴미디어 플랫폼으로 전환하는 과정이 필요했다. MZ 세대가 주 소비층이 되면서 이들이 선호하는 모바일 쇼핑, 라이브 커머스 등에 대응해야 했다. 이러한 변화에 버추얼 휴먼과 쇼 호스트의 협업을 통한 새로운 형태의 비즈니스가 시도되고 있다. 쇼 호스트는 상품의 브랜딩과 감성적 매력을 호소하고 버추얼 휴먼은 전문적인 상품 소개 등 기능적 가치에 대한 소개로 목표 고객들에게 새로운 고객 경험과 가치를 제공할 수 있다.

AI와 한의학?

홈쇼핑에 활용되는 버추얼 휴먼

홈쇼핑 산업은 1990년대 중반 국내 TV 방송 채널에 입점한 이후 지속적인 성장을 해 왔다. 하지만 넷플릭스 같은 OTT의 등장으로 TV 시청률은 하락하였고 MZ 세대의 소비가 모바일 쇼핑, 라이브 커머스 등에서 증가하고 있다. 이러한 변화에 대응하기 위해 홈쇼핑 업계는 다양한 노력과 시도를 하고 있는데 대표적인 분야가 버추얼 휴먼을 활용한 방식이다. 버추얼 휴먼은 소비자와 상호 작용이 가능하고 MZ 세대들에게 새로운 고객 경험을 제공할 수 있다. 특히, 기존 사람 쇼 호스트의 판매 진행 방식과 또 다른 재미를 제공하고 있으며 기존 홈쇼핑의 한계를 극복하고 새로운 형태의 비즈니스 기회를 창출하고자 관련 업계의 버추얼 휴먼 활용이 증가하고 있는 추세다.

다재다능한 버추얼 휴먼

버추얼 휴먼은 실시간 방송 환경에서 다양한 역할 수행이 가능하다. 먼저 비용 효율성 측면에서 인건비 절감 및 24시간 운영이 가능하다. 채널A 보도기사에 따르면 사람 인플루언서를 활용해 홈쇼핑 방송을 할 경우 출연료만 최소 회당 1천만 원 정도 발생되지만 버추얼 휴먼을 활용할 경우 절반 수준에서 제작, 출연이 가능하다는 점에서 실제적인 비용 절감 효과를 기대할 수 있다. 해당 기사에서는 이러한 버추얼 휴먼의 경제적 효과로 실제 쇼핑 방문객 유입이 사람보다 1.5배 증가했다고 언급하고 있다. 또 일관된 서비스 퀄리티 제공이 가능하다. 사람 쇼 호스트는 생방송이 주는 긴장감과 실수를 할 수 있는 환경에 항시 노출되어 있지만 버추얼 휴먼은 실수나 컨디션 변화 없이 일정 수준의 서비스 퀄리티를 유지하는 것이 가능하다. 또 다양한 페르소나를 설정해 상품 특성에 맞는 맞춤형 캐릭터 설정을 할 수 있다. 이는 디지털 네이티브 세대인 MZ 세대의 관심과 호기심을 유발하여 상품 판매 기회를 높이는 데 유리하며 언어와 문화적 특성을 반영한 페르소나를 부여하면 글로벌 서비스가 가능해 전 세계적으로 확장이 가능하다.

주요 기업들의 버추얼 휴먼 활용

이러한 활용 가능성을 바탕으로 국내외 주요 기업에서 버추얼 휴먼을 활용한 다양한 시도들을 하고 있다.

먼저, 국내에는 네이버와 네이버랩스, 자이언트스텝, 코커스스튜디오 컨소시엄을 통해 제작된 버추얼 휴먼 이솔이 있다. 버추얼 휴먼의 핵심 기술이라 할 수 있는 컴퓨터 비전, 자연어 처리 기술 등을 네이버랩스에서 연구 개발하고 네이버클로바의 AI 음성 합성 기술을 적용하였으며 버추얼 휴먼 제작은 자이언트스텝과 로커스 스튜디오에서 참여하는 방식이었다. 이솔은 2022년 네이버 라이브 커머스 방송을 시작으로 가상 쇼 호스트로서 활약하였다. 한편, 롯데그룹도 버추얼 휴먼을 활용한 홈쇼핑에 관심이 많은데 롯데홈쇼핑과 4by4라는 스타트업이 협력하여 루시라는 버추얼 휴먼 쇼 호스트를 출시하였다. 루시는 롯데홈쇼핑 쇼 호스트로 롯데그룹 주요 상품 판매 및 홍보 활동을 하고 있으며 태국, 동남아 롯데그룹 주요 거점에 진출하여 본캐는 디자이너고 부캐는 패션모델로 멀티 페르소나를 부여받고 활약 중이다. 최근에는 패션, 뷰티 같은 홈쇼핑 인기 카테고리 상품뿐 아니라 비인기 영역까지 활동이 확대되고 있는 상황이다. 밀레니얼웍스의 팜팜(PamPam)이라는 버추얼 휴먼은 MZ 세대 농사꾼의 페르소나를 부여한 버추얼 휴먼인데 지역 특산품 및 농산물을 전문적으로 판매, 홍보하는 버추얼 캐릭터로 실시간 방송에서 상품을 직접 설명하고, 팬들과 댓글로 소통하며 제품에 대한 호기심을 자극하며 타깃 고객들에게 새로운 고객 경험을 부여하고 있다. 팜팜은 해당 카테고리의 팬덤을 형성하여 일반 사람 쇼 호스트보다 최대 3배 이상의 트래픽을 기록한 사례가 있다. 이러한 성공 사례는 버추얼 휴먼의 강력한 브랜드 관여도와 팬심을 연계하여 버추얼 휴먼이 상품 판매 및 매출 증대에 적극 활용될 수 있다는 시사점을 주고 있다.

한편, 해외의 경우 브라질 최대 IT 유통회사인 마갈루사의 버추얼 휴먼 루 두 마갈루(Lu do Magalu) 사례가 가장 성공한 사례로 평가받는다. 루 두 마갈루는 가상 인플루언서로 활동하며 인스타 폴로어(follower) 567만, 틱톡 팬 약 660만 명을 두는 등 팬덤이 형성되어 있다. 루 두 마갈루는 이러한 유명세를 바탕으로 가전, 의류 등 제품에 대한 상품평을 연계하는 파워블로거 활동도 하고 있으며, 유명 연예인 및 버추얼 휴먼 인플루언서와 컬래버레이션을 통한 협업도 진행하고 있다. 마갈루의 성공 요인은 버추얼 휴먼을 홈쇼핑 판매, 홍보 역할에 국한하지 않고 기업 사업 전략의 핵심 인물로 활용한 점에 있다. 마갈루는 기업의 옴니채널 전략의 핵심으로 모바일, PC, TV 홈쇼핑 채널 및 오프라인 매장 등 고객이 접할 수 있는 모든 채널에서 등장하여 일관된 고객 경험을 제공하였다. 이와 함께 슈퍼 앱 전략을 함께 전개하였는데 홈쇼핑 같은 채널에서의 방송과 함께 회사 공식 온라인 판매 채널 및 모바일 앱에서 일종의 AI 에이전트 형태로 판매 상품에 대한 소개 및 상담을 함께 제공하였다. 이러한 활동의 결과로 루 두 마갈루는 2019년 기준 약 6500억 수준의 기여를 하였다. 일반적으로 SNS 및 홈쇼핑에서의 버추얼 휴먼의 매출 기여도는 10억 이내의 경우가 대다수인데 마갈루의 경우 비즈니스 전 영역에서 활약하며 제품 브랜딩 관점에서 큰 기여를 하였다.

이와 함께 일본의 버추얼 휴먼 이마(IMMA)도 자체 온라인 쇼핑몰을 운영하며 활동하고 있다.

중국에서도 라이브 커머스를 활용한 상품 판매 방식이 보편화되고 있는 추세다. 연예인이나 인플루언서뿐 아니라 버추얼 휴먼 쇼 호스트의 출연도 증가하고 있는데 실시간 쇼핑 호스트로서의 존재감을 과시하며 많은 관심을 받고 있다. 대표적으로 유사(Yousa), 세레나(Serena) 등이 있는데 300만 이상의 폴로어의 팬덤을 보유하고 있다.

현실적 과제와 향후 비즈니스 방향

이러한 활약에도 불구하고 홈쇼핑에서의 버추얼 휴먼은 현실적 한계도 갖고 있다. 버추얼 휴먼 단독으로 쇼 호스트로서 제품을 판매할 경우 직접 사용해 보거나 시연하

그림 8-1. 라이브커머스에서 활약하는 버추얼 휴먼.

는 데 제약이 존재한다. 예를 들어 특정 제품을 표현할 때 손을 사용해 특정 제품을 자연스럽게 만지고 들고 표현해야 하는데 현재의 동작 인식 및 세부 기술 구현에 기술의 한계가 있는 것이다. 최근 초거대 AI 기술로 대화형 서비스가 가능해졌으나, 홈쇼핑의 특성상 제품을 만지기 위한 손동작 중심의 기술 고도화가 상대적으로 낮은 상황이다. 따라서 버추얼 휴먼이 홈쇼핑에서 주도적인 역할을 하기보다는 보조 역할로서 사람 쇼 호스트와 협력을 통해 판매 활동을 하는 것이 보다 효율적이다. 이를 위해 버추얼 휴먼은 실시간 방송에서 사람 쇼 호스트가 놓치기 쉬운 상품 중심의 소통과 기능적 가치 중심의 세일즈를 담당해 상품의 세부 사양과 전문적인 상품 소개 등 역할을 담당하고 쇼 호스트는 상품의 브랜딩과 감성적 매력을 호소하며 새로운 고객 경험과 홈쇼핑 분야 디지털 전환을 위한 핵심 수단으로 활약하는 것이 중요하다.

참고문헌

김승희(2023.3.9). 가상인간 쇼호스트 진짜 사람보다 1.5배 몰렸다. ≪채널A≫, https://www.ichannela.com/news/main/news_detailPage.do?publishId=000000338154

밀레니얼웍스, https://millennialsworks.com/

시사중국어사(2023.8.21). 새로운 트렌드 리더가 된 중국의 버추얼 휴먼에 대해 알아보자! https://blog.naver.com/chinasisa/223189546646

09
유튜버와 AI 버추얼 휴먼 비즈니스

유튜브에 등장하는 버추얼 휴먼 브이튜버는 단순 유행을 넘어 또 다른 팬덤을 형성하고 있다. 실존하지 않지만 사람과 동일한 활약과 수익을 창출하며, 유명세를 바탕으로 콘텐츠 크리에이터 기반의 일반고객 시장뿐만 아니라 엔터테인먼트 관련 기업 시장으로 진출하고 있다. 최근에는 글로벌 트렌드를 수용하면서도 나라의 문화적 특성을 반영한 버추얼 샤머니즘 같은 컬처 콘텐츠 기반 버추얼 휴먼이 등장하고 있다. 과거와 현재, 기술과 문화의 융합을 통해 탄생한 새로운 엔터테인먼트 영역의 버추얼 휴먼을 주목할 필요가 있다.

AI와 화장품?

스타트업이 주도하는 콘텐츠 비즈니스

유튜브에 등장하는 버추얼 휴먼인 브이튜버(VTuber)는 초기 버추얼 휴먼 비즈니스 형태로 우리나라뿐만 아니라 전 세계적으로 폭발적으로 인기를 끌었다. 미국의 릴 미켈라, 일본의 키즈나 아이, 브라질의 루 두 마갈루, 우리나라의 로지 등 국내외 언론 보도에서 주로 접했던 브이튜버는 대부분 브이튜버로 시작해 인플루언서가 되고 산업 분야로 진출하는 특성이 있다. 유명 유튜버들이 SNS에서 활동하며 많은 팬층을 확보하고 팬덤을 형성하여 다양한 영향력을 발휘하듯이 브이튜버도 동일한 양상으로 활동하고 있다. 이러한 브이튜버 기반의 버추얼 휴먼은 다음과 같은 수익 모델을 가지며 성장하고 있다.

브이튜버의 대표적인 수익 모델은 광고다. 유튜브에서 정기적인 콘텐츠를 업로드하고 실시간 스트리밍 방송 등을 통해 많은 팬층을 확보하면 유튜브 파트너 광고 프로그램을 통한 수익을 창출할 수 있다. 실제 브이튜버의 성공을 유튜브 구독자 100만 명 이상으로 인식하는 경향이 있는데 유명 브이튜버는 그 이상의 구독자를 대부분 보유하고 있다. 팬층이 확보되면 팬들과의 소통을 통해 추가 수익을 창출하는데 유튜브에서 제공하는 라이브 스트리밍으로 시청자와 브이튜버 간 상호 작용을 위한 슈퍼챗을 주로 활용하고 있다. 슈퍼챗은 시청자가 일정 금액을 지불하고 메시지를 보낼 수 있는 유료 메시지로 채팅창 상단에 노출되기 때문에 일반 채팅보다 눈에 띄게 표시된다. 유튜브 채널에서의 직접적인 수익 외에 온오프라인을 연계한 추가 비즈니스도 가능하다. 브이튜버의 라이브 공연을 통한 공연 수익이 대표적인 사례인데 일본의 키즈나 아이 등 유명 브이튜버들은 유튜브 스트리밍과 실제 공연장을 연결해 팬들과 소통하는 형태로 발전하고 있다. 이와 함께 기업 협찬 및 브랜드 컬래버레이션을 통한 수익도 가능하다. 일본의 이마(IMMA)는 이케아 등과 기업 브랜딩으로 부가 수익을 얻고 있으며 브이튜버의 활동이 머천다이징 형태로 연계되어 관련 캐릭터 제작 및 굿즈, 키링 판매로 이어지고 있다. 하지만 국내의 경우 브이튜버를 활용한 유료 수익화 방식에 보수적이다. SNS상 구독자 확보를 통한 광고, 협찬 수익 모델은 여러 성공 사례가 있으나, 일본처럼 공연 무대를 오프라인으로 확장해 유료 관람이나 다양한 머천다이징에 대한 비용 지불로 이어지는 사업화 단계까지는 아직 많은 시간과 노력이 필요한 상황이다. 대신 다양한 아이디어를 활용한 흥미로운 시도가 이루어지고 있다. 그중에서 가장 눈에 띄는 것은 버추얼 샤머니즘의 등장이다. 전통적 샤머니즘 문화와 AI를 결합하여 새로운 형태의 브이튜버 비즈니스로 변형한 것인데 한국 무속 문화를 현대적으로 재해석하여 브이튜버 플랫폼에 접목하였다. 우리나라의 독특한 요소인 샤머니즘과 운세 상담과 같은 요소를 버추얼 휴먼에 접목한 것인데 기존에 없던 새로운 가치를 창출할 수 있다는 점에서 의미가 있다. 대표적인 사례가 애니메이션 버추얼 휴먼 형태의 버추얼 신운셀러 '효령아씨'의 유튜브 채널 '보인당'이다. 무섭고 어려운 무속 신앙을 귀엽고 예쁜 버추얼 신운셀러 '효령아씨'가 재미있고 쉽게 소통해 주는 유튜브 콘텐츠로 실시간으로 사연을 접수받고 신점을 제공해 주는 방식이다. 실제 유튜브 채널을 운영하면서 2040 여성을 중심으로 다양한 고민 상담과 신점을 제공해 주고 있다. '보인당'은 실제 60대의 유명 무속인이 상담을 해 주는 방식인데 일종의 섀도 액터(Shadow Actor)로 출연하고 있다. 섀도 액터란 단역, 액스트라의 개념인데 사람 전체를 생성형 AI로 제작하는 방식이 아니라 실제 사람, 즉 섀도 액터가 1차 움직임과 대화를 진행하면 실시간 랜더링 또는 후보정을 통해 얼굴 등의 특정 부위를 AI 기술로 변환하여 제공하는 방식이다. 실제 참여하고 있는 무속인도 자신의 얼굴이 아이돌처럼 귀여운 캐릭터로

그림 9-1. 버추얼 샤머니즘 기반 브이튜버 '효령아씨'.

변환되고, AI 음성 합성 기술을 적용하여 20대 여성의 목소리로 변환된다는 것에 신기해하고 있다. 구독자 또한 오프라인에서는 다소 위축될 수 있는 분위기인데 버추얼 휴먼이 등장해 친근하고 상냥한 인식을 주며 심층적인 상담을 할 수 있는 것에 만족하고 있다. 하지만 민감한 사연이나 개인정보가 유출될 수 있는 개인정보 보호 이슈와 과학적 근거가 부족한 개인의 의견이 중심이 되기 때문에 미신을 조장한다는 부정적 편견이 생길 수 있고 미성년자들의 무분별한 접근과 과도한 의존으로 중독성에 빠질 수 있다는 우려도 존재한다. 해당 서비스는 아직 적극적인 홍보나 마케팅 활동을 연계하기보다는 서비스의 가능성을 파악하는 초기 단계로 비즈니스화하기 위해서는 보다 철저한 준비와 노력이 필요하다.

버추얼 샤머니즘의 접근 방식은 그 나라의 문화와 전통의 특수성을 반영한 독특한 브이튜버의 비즈니스 모델 방식이다. 이는 브이튜버는 아이돌 형태의 엔터테인먼트 영역에서만 활동해야 한다는 고정관념을 탈피한 사례로 각 나라의 전통과 헤리티지(Heritage)를 활용한다면 다양한 성공 사례가 나올 수 있을 것으로 기대한다. 향후 버추얼 샤머니즘 같은 새로운 시도가 비즈니스 모델로 안착하기 위해서는 콘텐츠 품질 향상과 윤리적 가이드 수립, 초거대 AI 같은 기술 고도화가 연계되어야 한다.

참고문헌

밀레니얼웍스, https://millennialsworks.com/

보인당, https://youtube.com/@boindang_official?feature=shared

최태범·고석용(2021.10.17). 샤넬이 반했다, 1년에 130억 번 가상인간. 기업들이 러브콜 하는 이유. ≪머니투데이 ≫, https://v.daum.net/v/20211017070001463

10
아이돌과 AI 버추얼 휴먼 비즈니스

많은 사람들이 아이돌이 되기를 희망하지만 현실에서 그 꿈을 이루기란 쉽지 않다. 그러나 버추얼 휴먼을 통해서라면 가능한데 자신만의 버추얼 휴먼을 만들어 '부캐'로 활동하며 팬들과 소통하고 상황에 따라 유명 인사가 되는 대리 만족도 느껴 볼 수 있다. 최근 일반인들이 또 다른 자아를 표현하기 위해 버추얼 휴먼을 활용하는 멀티 페르소나 시대가 열리고 있다. 특히 AI 기술을 적용하여 제작비를 낮추고 개성 있는 콘텐츠로 자신을 표현하고 현실과 가상의 경계를 넘나드는 새로운 형태의 아이돌 엔터테인먼트 비즈니스 모델이 부상하고 있다.

종교와 AI?

일반인도 부캐로 아이돌이 될 수 있다

아이돌이 되고 싶은 생각은 일반인이라면 누구나 한 번쯤 생각해 보았을 것이다. 하지만 학업, 사회생활 등의 이유로 현실과 타협하며 살면서 그러한 꿈을 잊고 사는 경우가 많다.

하지만 이제 일반인도 버추얼 휴먼이 되어 팬들과 소통하고 자신만의 또 다른 캐릭터를 만들어 활동할 수 있는 시장이 열렸다. 일본에서 먼저 시작되었고 우리나라도 최근 일반인의 참여가 높아지고 있는데, 자신의 얼굴을 기반으로 브이로이드 스튜디오(VRoid Studio) 같은 버추얼 휴먼 제작 플랫폼을 활용해 자신만의 캐릭터를 만들어 실시간 스트리밍이 가능한 플랫폼을 활용해 구독자를 확보하면서 팬을 확보하고 이들과 소통하는 방식이다. 무엇보다 생성형 AI 기술과 LLM 같은 대화형 AI 기술이 부각되면서 콘텐츠 생성부터 복합 상황 대화 등이 가능해졌다.

이러한 변화는 버추얼 휴먼의 제작 관점에서 이미 예견된 흐름이었다. 초기 버추얼 휴먼 제작은 CG/VFX 회사에서 사람의 외형을 제작하기 위해 섀도 액터(Shadow Actor)를 활용해 몸(Body)은 실제 사람의 모습을 활용하고 얼굴을 변형하는 방식인 디지털 더블(Digital Double,

얼굴을 변환하는 기술) 형태가 다수였다. 대표적으로 우리나라의 로지(ROZY)가 이러한 섀도 액터를 활용한 방식이었다. 이러한 성공 사례의 이면에는 사람의 개입이 매우 중요하였는데 실제 섀도 액터로 참여하는 다수 사람이 연예인 지망생이었다.

이러한 방식은 섀도 액터를 모집하는 과정에서 입소문이 나기 시작하였고, 선발되지 않은 지원자들이 버추얼 휴먼을 활용한 가상 세계에서 연예인 활동이 가능할 수 있다는 것을 알게 해 주었다. 이와 함께 일본에서 이미 자신 얼굴을 기반으로 버추얼 휴먼 제작 플랫폼이 활성화되고 있었고 이러한 기술이 국내에도 소개되면서 몇 번의 클릭과 드래그앤드랍(Drag and Drop) 방식으로 코딩 없이 비교적 쉽게 버추얼 휴먼을 제작할 수 있게 되어 국내에도 일반인들의 버추얼 휴먼 제작에 대한 수요가 증가하고 있다.

이와 함께 2024년 2분기에 생성형 AI가 텍스트 데이터뿐 아니라 이미지, 영상 데이터를 입력 데이터로 활용하여 다양한 창작물을 만들 수 있는 멀티모달형 AI로 전환되면서 버추얼 휴먼 비즈니스도 새로운 변화가 일어나고 있다.

기존의 섀도 액터를 통한 버추얼 휴먼은 일반인이 아

이돌이 되는 데는 여전히 많은 어려움이 있었다. 왜냐하면 섀도 액터가 되는 사람은 1~2명 정도이기 때문에 선발되지 못한 사람들은 여전히 아이돌이 되기 위한 기회가 없었기 때문이다. 하지만 AI 기반의 버추얼 휴먼은 일반인들이 자신의 재능과 끼를 마음껏 발휘할 수 있는 새로운 기회를 제공하고 있다.

일반인이 아이돌이 되기 위한 버추얼 휴먼 부캐 생성은 다음과 같은 과정을 거치게 된다. 먼저 자신만의 세계관과 페르소나를 만드는 것이다. 이를 위해 평소 자신이 생각한 내용을 생성형 AI와 상호 작용하며 정교하게 만든다. 팬들과 소통하기 위한 음악은 음악 생성 AI 수노(SUNO) 등과 협업하여 기본을 만든다. 이후 브이로이드 스튜디오(VRoid Studio), 라이브투디(Live2D) 같은 버추얼 휴먼 제작 플랫폼을 활용해 자신만의 캐릭터를 만들고 유튜브나 틱톡 실시간 스트리밍 방송을 활용하는 형태로 시작해 볼 수 있다. 이러한 AI 기술 기반 버추얼 휴먼은 초기 제작 비용이 매우 저렴할 뿐만 아니라 자신이 생각한 버추얼 아이돌에 대한 여러 가지 실험적 도전을 하는 데 유용하다. 만약 보다 정교한 제작을 희망할 때는 가상 휴먼 제작 스튜디오에서 1~2시간 개인 촬영을 하면서 자신의 버추얼 휴먼을 탄생시킬 수 있다. 핸드

트래킹, 모션 캡처 장비 등 활용해 외형적 형상을 만들고 운영 플랫폼에 인물을 탑재하고 LLM을 연동시켜 24시간 팬과의 자유 대화가 가능한 자동화 모델로 활용할 수 있고 생성된 부캐를 활용해 특정 시간대에 라이브 스트리밍을 통해 구독자와 소통하는 방식으로 확장할 수 있다.

AI 기반의 버추얼 휴먼 제작은 연예 기획사가 중심이 되어 극소수의 선택된 사람만이 아이돌이 되는 공급자 중심에서 자신의 의지와 노력으로 자신만의 버추얼 휴먼을 만들어 또 다른 부캐를 생성하여 아이돌로 성장하는 수요자 중심 비즈니스로 프로세스 혁신을 유발할 수 있다.

하지만 여전히 한계와 개선해야 할 부분이 많은데, 우리나라는 사용자의 콘텐츠 퀄리티 및 기술 구현에 대한 요구 수준이 매우 높고 슈퍼챗 등 유료 서비스에 대한 인식이 매우 인색하다. 하지만 앞서 언급한 해외 사용자들은 콘텐츠 및 기술 요구 수준이 우리나라보다 높지 않고 자신이 또 다른 자아가 될 수 있다는 것 자체에 만족하며 가치 소비적 성향을 보인다. 아이돌이 되기 위한 꿈을 국내뿐만 아니라 해외까지 확대한다면 보다 큰 무대에서 자신의 버추얼 휴먼 부캐를 활용해 마음껏 열정과 자신의 끼를 발휘하는 기회가 될 수 있을 것이다.

참고문헌

강혜원 외(2023). 버추얼 휴먼 로지는 어떻게 셀러브리티가 되었는가?: 인스타그램에서의 스토리텔링 전략에 관한 탐색적 연구. ≪방송과 커뮤니케이션≫, 24(3), 34-67쪽.

밀레니얼웍스, https://millennialsworks.com/

오문석 외(2021). 메타버스를 위한 디지털 휴먼과 메타휴먼의 제작기법 분석 연구. ≪한국디자인리서치학회≫, 6(3), 133-142쪽.

Maum AI, https://maum.ai/

Wang, Y., et al.(2024). Can AI Understand Our Universe? Test of Fine-Tuning GPT by Astrophysical Data. arXiv preprint arXiv:2404.10019.

송유상

버추얼 쇼 호스트, 인플루언서 등 문화와 기술을 융합한 디지털 콘텐츠 전문 기업 밀레니얼웍스의 창업주이자 대표다. 최근에는 생성형 AI와 포토비즈니스를 결합한 '애니모먼트' 사업과 연계해 국내 최초 버추얼 유튜버들의 판로를 개척하는 새로운 시도를 진행 중이다. 이화여자대학교 소비자학과를 졸업하고 현대, SK 그리고 LVMH에서 12년 동안 리테일테크 및 브랜딩 전문가로 육성되었으며, 창업진흥원장상, 교육부장관상 및 대만이노테크엑스포 금상 수상 등 국내외 주요 기관에서 수상 경험이 있다. 이러한 경험을 바탕으로 AI 비즈니스 전문가이자 예비 창업자들의 멘토로서도 활동 중이다.

원종서

KT 기술혁신 부문 AI Future Lab AI Biz Synergy팀 책임연구원이며, 서울사이버대 AI서비스마케팅학과 특임교수 겸 성균관대 글로벌융합학부 컬처앤테크놀로지 전공 겸임교수였다. KT에서 생성형(Gen) AI 기반 메타버스(지니버스) 서비스 기획 및 마케팅을 총괄하였고, KT 초거대 AI '믿음'의 사업화 발굴 및 기술 협력 업무를 담당하고 있다. 서울사이버대 AI서비스마케팅학과에서 생성형 AI와 마케팅 전략을, 성균관대학교에서 AI와 버추얼 휴먼, AI 콘텐츠 기획 및 개발 강의를 맡았다.

주요 연구 및 저술로는 "3rd Party 기업의 AI Platform 참여 방법과 효과", "The Complex Interaction of Digital Platform Ecosystem" 등이 있으며, "고객 상담 컨텍스트에서 AI 상담사 페르소나를 추천해 통화 완결율을 높여 주는 방법 및 시스템" 등 다수의 논문과 특허 출원 실적을 보유하고 있다.

이창준

경제학, 혁신 연구, 융합 기술 분야를 아우르는 전산사회과학자다. 생물학과 학사 후 기술 경영, 경제 및 정책 분야에서 박사 학위를 받았으며, 싱가포르와 더블린에서의 박사 후 연구로 국제적 경험을 쌓았다. 기술 진화, 지역 성장, 지식 관리, 융합 혁신 등 다양한 사회 현상을 컴퓨테이셔널 방법으로 분석하는 데 연구의 중점을 둔다. 한양대학교에서 정보사회미디어학과 교수로 재직하며 창의성과인터랙션 연구소를 이끌었고, 현재는 성균관대학교 글로벌융합학부 컬처앤테크놀로지융합전공의 주임교수를 맡고 있다. 기술과 데이터를 활용해 혁신을 이끌고 실제 문제를 해결하는 데 열정을 가지고 있다.